Zu diesem Buch

180 Kilometer messen die Aktenbestände, die der DDR-Staatssicherheitsdienst hinterlassen hat – ein hochexplosives Erbe, das die Deutschen noch Jahre beschäftigen wird.

Um die Schnüffelberichte über rund sechs Millionen Bürger zu verwalten, hat die Bundesregierung eine Behörde geschaffen, die in der Menschheitsgeschichte ihresgleichen sucht: Unter der Leitung von Joachim Gauck, dem Sonderbeauftragten für die Stasi-Akten, sollen schon in kürze eintausend (!) Mitarbeiter die unheimlichen Hinterlassenschaften des Staatssicherheitsdienstes ordnen, bewachen und einer Aufarbeitung zuführen. Diese Aufgabe ist außerordentlich kompliziert, weil das moralische Recht der Opfer auf Offenlegung der Unterdrückung oftmals mit den strengen Prinzipien des Rechtsstaates kollidiert. Und sie stößt in allen politischen Lagern auf Widerstand, weil angesichts des unglaublichen Ausmaßes der Spitzeltätigkeit vielen der Mut fehlt, die Aufarbeitung der Vergangenheit entschlossen anzugehen.

Diesem Sog des Verdrängens stellt sich Joachim Gauck mit Ernst und Nachdruck entgegen. Er wirbt für die Verabschiedung eines Gesetzes, das endlich die umfassende Nutzung der Stasi-Akten ermöglicht. Mit Nachdruck tritt er dafür ein, den Prozeß der Aufarbeitung, auch wenn er schwierig und oftmals schmerzhaft ist, nicht länger aufzuschieben. «Ich teile nicht die Auffassung, daß eine Offenlegung der Akten und damit der Mitwirkung vieler bislang als unbescholten geltender Bürger am Unterdrückungssystem der Stasi im Osten Deutschlands zu Mord und Totschlag führen würde. Es entspräche nicht dem Charakter dieser Revolution, wenn die Opfer nunmehr den Tätern den Schädel einschlagen würden – nur *wissen* möchten sie wenigstens, wer ihnen was warum angetan hat.»

Joachim Gauck, geb. 1940, war bis zur «Wende» Pfarrer in Rostock. Im Oktober 1989 Eintritt in das «Neue Forum», zeitweilig Mitglied des Sprecherrates. Von März bis Oktober 1990 Abgeordneter der Volkskammer für das «Bündnis 90». Seit dem 3. Oktober Sonderbeauftragter der Bundesregierung für die personenbezogenen Unterlagen des ehemaligen Staatssicherheitsdienstes. Stellvertretend für die DDR-Bürgerbewegungen ausgezeichnet mit der Theodor-Heuß-Medaille 1991.

Joachim Gauck

Die Stasi-Akten

Das unheimliche Erbe der DDR

Bearbeitet von Margarethe Steinhausen
und Hubertus Knabe

Rowohlt

rororo aktuell
Herausgegeben von Ingke Brodersen

25.–27. Tausend August 1992

Originalausgabe
Veröffentlicht im Rowohlt Taschenbuch Verlag GmbH,
Reinbek bei Hamburg, Mai 1991
Copyright © 1991 by Rowohlt Taschenbuch Verlag GmbH,
Reinbek bei Hamburg
Alle Rechte vorbehalten
Umschlaggestaltung Büro Hamburg –
Jürgen Kaffer / Peter Wippermann
(Foto: Hans Peter Stiebing / ZENIT)
Satz Times (Linotronic 500)
Gesamtherstellung Clausen & Bosse, Leck
Printed in Germany
990-ISBN 3 499 13016 5

Inhalt

III. Die Erben

Anhang   115

Literaturhinweis   153

Der Kampf des Menschen
gegen die Macht
ist der Kampf des Gedächtnisses
gegen das Vergessen.

Milan Kundera

Vorwort

Joachim Gauck hat in Deutschland eine merkwürdige Berühmtheit
erlangt. Den obersten Verwalter der Stasi-Akten umschwirren fast
pausenlos die Journalisten in der Hoffnung, das eine oder andere
spektakuläre Detail aus dem gespenstischen Erbe des Schnüffel-Mini-
steriums der DDR zu erfahren. Zur selben Zeit richten Tausende von
Opfern des Staatssicherheitsdienstes hilfesuchende Briefe an ihn,
weil sie endlich wissen wollen, was die Stasi über sie gesammelt hat
und wer nach dem Zusammenbruch der DDR dafür zur Verantwortung zu ziehen ist.

Auch die Idee zu diesem Buch wurde bei einem Interview-Termin
geboren. Wir waren beeindruckt von den Argumenten, mit denen
Joachim Gauck dafür stritt, die Aufarbeitung der Vergangenheit
nicht schon wieder den kommenden Generationen zu überlassen. Wir
waren schockiert vom unvorstellbaren Ausmaß des Aktenmeeres der
Stasi und den beinahe übermenschlichen Anstrengungen, die erforderlich sind, es zu ordnen, um es Betroffenen, Historikern und Staats-
anwälten endlich zugänglich machen zu können. Wir waren empört,
unter welch unzumutbaren Bedingungen die Behörde zur Verwaltung
der Stasi-Akten arbeiten muß, wie eine gründliche Auswertung des
Aktenmaterials durch eine absurde Rechtslage blockiert und wie der
Sonderbeauftragte der Bundesregierung aus den verschiedensten politischen Lagern unter Beschuß genommen wird.

Die totale Überlastung der Behörde und ihres obersten Diensther-
ren Joachim Gauck hat dazu geführt, daß dieses Buch auf der Basis
mehrerer Interviews entstehen mußte. Es soll kein Standardwerk
über den gespenstischen Überwachungsapparat des Ministeriums für
Staatssicherheit sein und kann auch die bislang erschienenen Doku-
mentationen und Analysen, insbesondere der Bürgerkomitees, nicht
ersetzen. Ziel des Buches ist es vielmehr, Einblick zu gewähren in die
komplizierten Probleme, die die Verwaltung der Stasi-Akten aufwirft, Orientierungen zu geben in einer oftmals mit fragwürdigen Ar-

gumenten geführten Debatte über den Umgang mit diesem unheimlichen Erbe der DDR und vor allem: Mut zu machen, sich diesem Teil deutscher Geschichte ohne Wenn und Aber zu stellen. Der im Anhang veröffentlichte Gesetzentwurf der Bürgerkomitees wurde von den Herausgebern mit aufgenommen.

Margarethe Steinhausen / Hubertus Knabe

Im Labyrinth der Akten

Die Hinterlassenschaften der Stasi

Wie es scheint, haben wir in der DDR Franz Kafkas Vorstellung von der unheimlichen Bedrohung des Menschen durch anonyme, allgegenwärtige Mächte noch übertroffen: Sechs Millionen Personendossiers hat das Ministerium für Staatssicherheit (MfS) schätzungsweise dem vereinigten Deutschland hinterlassen, vier Millionen davon betreffen ehemalige DDR-Bürger, zwei Millionen beziehen sich auf Bürger der alten Bundesrepublik. Selbst diese Zahlen müssen nicht endgültig sein, denn um das gesamte Aktenmaterial der Staatssicherheit zu sichten und zu zählen, wäre ein Heer von Archivaren nötig. Allein das *ungeordnete* Material im Berliner Zentralarchiv zu ordnen, würde, so schätzen Fachleute, eine Person rund 128 «Mannjahre» – eine Maßeinheit im Bibliothekswesen – beschäftigen.

Etwas einfacher ist es, eine Schätzung der laufenden Meter Akten abzugeben. Dazu muß man wissen, daß sich in einem Meter Akten bis zu 70 Vorgänge oder 10000 Blatt Papier mit einem Gewicht von zusammen rund 30 Kilogramm befinden. In den Außenstellen unseres Archives in den ehemaligen Bezirksstädten, in denen inzwischen auch das Material aus den Kreisverwaltungen der Staatssicherheit gelagert wird, beträgt die Länge des Aktenmaterials etwa 80 Kilometer. Im Zentralarchiv in der Normannenstraße, wo sich früher die Zentrale des Staatssicherheitsministeriums befand, lagern noch einmal rund 100 Kilometer in einem fensterlosen Neubau, den die Stasi eigens für diese Zwecke im zweiten Hinterhof des Gebäudekomplexes errichten ließ.

Die ungeheuren Dimensionen der Überwachungstätigkeit des MfS haben sich sogar in der Architektur der Stasi niedergeschlagen: Das Zentralarchiv gilt als das schwerste Haus von Lichtenberg, weil die Wände und Böden aus besonders dickem Beton gefertigt wurden, um den Belastungen durch die gewaltigen Papiermassen überhaupt standhalten zu können. Das 1984 errichtete Gebäude ist neun Stockwerke hoch und stand zum Zeitpunkt seiner Übernahme durch das Bürgerkomitee noch teilweise leer, denn die Lagerungskapazitäten waren auf Zuwachs angelegt. Trotzdem ist es von außen völlig unsichtbar, weil es umgeben ist von einem zwölfstöckigen Bürogebäude, in dem die Archivare des MfS arbeiteten; insgesamt betrug die Zahl der Beschäftigten im Zentralarchiv 344 Personen. Einer der Flügel dieses Hochhauses besteht ausschließlich aus Gängen, und nur über diese Gänge ist das Archiv zu erreichen. Der Kern ist somit einzig aus der Vogelperspektive auszumachen, und ein Außenstehender wäre ohne Anleitung nicht in der Lage, den Weg dorthin zu finden.

Unter den 100 Kilometern Akten im Berliner Zentralarchiv befinden sich mindestens 18 Kilometer Personendossiers, 7 Kilometer davon sind Gerichtsakten, 11 Kilometer betreffen sogenannte «Operative Vorgänge», bestehen also aus Akten, die unmittelbar die Überwachung einer Person dokumentieren. Allein die F16-Kartei, die die Klarnamen aller erfaßten Bürger enthält, ist anderthalb Kilometer lang. Spezielle Karteien der Stasi umfassen noch einmal 700 laufende Meter Aktenbestand. Im einzelnen teilt sich der Bestand auf in 122000 Aktenbündel, 1600 Bündel Karteikarten, 755 Bündel Vordrucke, 13 Tonnen unbeschriebene Formblätter und 158 Karteischränke. In 936 Säcken liegt darüber hinaus noch vorvernichtetes Material, das einmal oder mehrfach durchgerissen ist; 1000 Pakete und 122 Kartons sind noch ungeöffnet, 195 Taschen, einige Beutel, 51 Kisten, 500 Röntgentüten, 195 Papiertüten und 7 Koffer komplettieren den Bestand. Die Stasi in ihrer Sammelwut hat ein wahrhaft gigantisches Aktenmeer hinterlassen.

Schon diese Zahlen machen deutlich, daß die Verwaltung des Schriftgutes des DDR-Staatssicherheitsdienstes enorme Probleme aufwirft. Ein Teil der Akten, besonders die älteren Vorgänge, sind solide, nachgerade penibel geordnet und mit einem verschlüsselten, aber deutlich führenden Eingangssystem ins Material ausgestattet. Wesentlich größer ist jedoch derjenige Teil des Aktenbestandes, mit dem die Stasi zum Zeitpunkt ihrer Auflösung noch arbeitete und der in den Diensteinheiten und Diensträumen des MfS lagerte. Archiviert wurden nämlich ausschließlich abgeschlossene Personendossiers. Das heißt, nur wenn ein inoffizieller Mitarbeiter – in der Sprache der Stasi: ein «IM» – definitiv nicht mehr für das Ministerium arbeitete oder wenn ein operativer Vorgang endgültig abgeschlossen war, kam die

Akte ins Archiv; lediglich von besonders umfangreichen und langwierigen Vorgängen gab es auch Teilarchivierungen. Dieses nichtarchivierte Material wurde von den Mitgliedern der Bürgerkomitees, die in den ersten Monaten des Jahres 1990 die Diensteinheiten des MfS auflösten, ebenfalls in das Zentralarchiv gebracht, wo es, nur grob geordnet, auf seine Aufarbeitung wartet. Eine Aufgabe, die Monate, wenn nicht Jahre dauern kann.

In den Außenarchiven ist die Situation noch unübersichtlicher, denn die Bezirksstädte, in die alle örtlichen Akten gebracht wurden, verfügen teilweise über gar keine richtigen Archive. In Suhl lagern die Akten in einem Gefängnis, in Dresden, Leipzig und Erfurt in der früheren Untersuchungshaftanstalt der Stasi, in Chemnitz befinden sie sich in zwei hochmodernen Bunkern, mitten im Wald auf einem alten Fabrikgelände. Besonders unzureichend sind die Lagerungs- und Arbeitsbedingungen in Cottbus und Potsdam, positiv dagegen in Schwerin, Rostock und Gera. Schon jetzt steht fest, daß noch einige Umzüge erforderlich sind, um das Aktenmaterial der Stasi wenigstens in befriedigender Weise *lagern* zu können.

Der Grad der Ordnung – oder besser Unordnung – in unseren Archiven hängt auch mit dem unterschiedlichen Verlauf der Revolution zusammen: In den Bezirksstädten haben die Bürger schon Anfang Dezember 1989 die Stasi-Zentralen besetzt und damit begonnen, das Material zu sichten, zu ordnen und aufzuarbeiten. Das Hauptquartier des MfS in Berlin wurde hingegen erst Mitte Januar 1990 besetzt. Und in Cottbus hat man vor lauter Angst das Archivmaterial und sämtliches Schriftgut der Staatssicherheit einfach eingemauert, so daß bis zur Vereinigung der beiden deutschen Staaten niemand darin arbeiten und Ordnung in die Aktenberge bringen konnte.

Auch aus anderen Gründen herrschen in unseren Archivbeständen noch verschiedene Stufen der Unordnung. Da sind zum einen komplette Aktenbestände, die von Diensteinheiten oder Dienstgruppen aus ihren Räumen entfernt wurden und die man nun wieder einem Arbeitsbereich oder einem bestimmten Offizier zuordnen muß, um Suchvorgänge zu erleichtern. Wenn wir nämlich konkrete Hinweise haben, wo ein inoffizieller Mitarbeiter gearbeitet haben soll, würden wir nach einer solchen Zuordnung sehr viel schneller fündig werden, als wenn wir erst zahllose Säcke durchstöbern müßten. Zum anderen beschäftigt uns jenes Material, das die Staatssicherheit selber zur Vernichtung vorbereitet hatte, das sogenannte vorvernichtete Aktenmaterial, denn in den Wirren der Revolution konnte die Stasi ihr Vernichtungswerk nur begrenzt vollenden.

An verschiedenen Stellen des Landes haben die Bürger während der revolutionären Umwälzungen ganze Aschenhaufen gefunden mit Rückständen von verbranntem Aktenmaterial. Sie entdeckten aber auch Papiere, die in den Reißwolf gesteckt worden waren – sehr fein zermahlenes, zerhäckseltes Papiergut, mit dem wir, es klingt absurd, ein Puzzlespiel veranstalten könnten, wenn wir wüßten, daß es sich um Teile von besonders wichtigen und sensiblen Dokumenten handelt. Wo die Reißwolfkapazitäten und Verbrennungsmöglichkeiten nicht ausreichten, haben Führungsoffiziere, die meinten, für ihre Klientel etwas tun zu müssen, Aktenbestände auch in Handarbeit vernichtet. Während die Bürger auf der Straße die «Stasi in die Produktion» wünschten, war diese schon auf andere Weise «produktiv» – sie zerriß massenweise Unterlagen. Genaugenommen ist aber auch bei diesen Hinterlassenschaften noch einmal zu differenzieren zwischen Akten, die einmal durchgerissen sind, solchen, die zweimal durchgerissen sind, und manchmal haben sich die Beschäftigten des MfS sogar darum bemüht, die Papiere viermal durchzureißen.

Es ist nicht schwer, sich vorzustellen, warum die Bürger, die ein Objekt des Staatssicherheitsdienstes besetzten und dabei auf Unmengen von solchen vorvernichteten Papieren stießen, gerade diese für besonders brisant hielten und in Säcken verwahrt haben. Nun muß entschieden werden, was von diesem Material aufgehoben werden soll – doch für solche Arbeiten war in der Regel bislang überhaupt keine Zeit.

Wir können noch nicht einmal das genaue Verhältnis zwischen vernichtetem und noch vorhandenem Material angeben. Fest steht lediglich, daß es Vernichtungsanweisungen für bestimmte Materialgruppen gab und daß in den verschiedenen Bereichen des MfS unterschiedlich intensiv vernichtet wurde. Zweifellos erschwert es die Aufarbeitung der Stasi-Vergangenheit, daß vor allem die personenbezogenen Akten – bei inoffiziellen Mitarbeitern ebenso wie bei observierten Personen – nicht mehr vollständig vorhanden sind. Schon im Sommer 1990 wurde zum Beispiel bekannt, daß die Akten einiger prominenter Persönlichkeiten gesichtet und gesäubert worden waren. Allerdings sind dies Einzelfälle, und wer Zeit zum Suchen hat, findet natürlich auch zu diesen Personen viele Querverbindungen aus anderen Archivierungsvorgängen. In der Regel ist es deshalb möglich, trotz gezielter Vernichtung einer Personenakte zu präzisen Aussagen darüber zu kommen, ob die betreffende Person Mitarbeiter des Staatssicherheitsdienstes war oder ob sie überwacht wurde.

Deutlich wurde dies beispielsweise im Fall des letzten Ministerpräsidenten der DDR, Lothar de Maizière. Der für die Überprüfung der Volkskammerabgeordneten zuständige Ausschuß mußte bei seinen Nachforschungen davon ausgehen, daß unter diesem Namen niemand im Archiv des MfS erfaßt war. Sein Auftrag war nämlich darauf beschränkt, in der ersten, sogenannten F 16-Kartei zu prüfen und, wenn jemand darin nicht erfaßt war, nicht weiterzusuchen. Man ging davon aus, daß der Staatssicherheitsdienst in dieser Kartei alle Opfer und Täter unter ihrem Klarnamen erfaßt hatte, so daß bei Nichteintrag die Eingangstür in das Findsystem verschlossen war. Mit einem anderen Einstieg, das heißt, bei einer genaueren Suche in anderen Karteien und Aktenbeständen wäre es jedoch möglich gewesen, fündig zu werden, obwohl das Eingangshilfsmittel verlorengegangen war. Für ein solches Vorgehen bedarf es jedoch eines generellen Überprüfungsauftrages, der nicht, wie der des Volkskammerausschusses, an eine derartig einschränkende Vorgabe gebunden ist.

Bisher sind wir im Verlauf unserer Arbeit nicht zu der Einschätzung gekommen, ein solch nennenswerter Teil des Aktenmaterials wäre vernichtet worden, daß dadurch eine Ungleichbehandlung der Bürger zu erwarten wäre – in einem solchen Fall hätte man auf eine Nutzung der Stasi-Akten verzichten sollen. Unter den gegebenen Bedingungen würde ein Verzicht die Rechtsunsicherheit jedoch vergrößern, weil der betroffene Bürger schutzlos dem Wissen und den Anschuldigungen ehemaliger Stasi-Mitarbeiter ausgesetzt wäre. Nicht mehr, sondern weniger Gerechtigkeit wäre die Folge.

Es liegt auf der Hand, daß Suchvorgänge sehr lange brauchen können, wenn man sich erst durch etliche laufende Meter Aktengut durcharbeiten muß. Wenn Personen bis zuletzt als inoffizielle Mitarbeiter für das Staatssicherheitsministerium tätig waren, ist eine schnelle Abwicklung von Suchaufträgen, wie sie zu Recht erwartet wird, außerordentlich schwierig. Unter Umständen ist auch die Unterstützung durch ehemalige Mitarbeiter des MfS erforderlich, die uns als «Fährtensucher» bei den schwierigen Nachforschungen im ungeordneten Material helfen. Doch aus verständlichen Gründen haben wir diese Art von fachlicher Beratung aufs äußerste reduziert. Lediglich bei den offiziellen, also den hauptamtlichen Mitarbeitern der Staatssicherheit gelingt es in der Regel relativ schnell, den Nachweis über ihre frühere Tätigkeit zu erbringen, weil sie zum allergrößten Teil in den Gehaltslisten des MfS erfaßt sind.

Die Bewachung der Akten erfolgt auf unterschiedliche Weise. Während dies in den Außenarchiven gegenwärtig noch die Landespolizei übernimmt, wird das Berliner Zentralarchiv rund um die Uhr durch elektronische Sicherungen und ein eigenes Wachpersonal geschützt. Dieses besteht aus in der DDR ausgebildeten Objekt- und Personenschützern, die allerdings keinen Zugang zu den Materialien haben und gründlich überprüft wurden, so daß wir keinen Anlaß haben, an ihrer Loyalität zu zweifeln. Darüber hinaus ist mehrfach abgesichert, daß kein Unbefugter unbemerkt in unsere Räume eindringen kann. Um allen Mutmaßungen vorzubeugen: Nach dem 3. Oktober 1990 ist in keinem unserer Archive versucht worden, Akten zu entwenden.

Leitgedanke bei der Nutzung des Aktenbestandes ist es, jedem Betroffenen – dem Opfer, dem Täter oder dem durch bestimmte Umstände mit dem MfS Verquickten – die Möglichkeit zu geben, die Vergangenheit genau und gerecht zu beurteilen. Wir wollen möglichst präzise wissen, wie es wirklich war, ohne dabei zu vergessen, daß das gesammelte Material natürlich immer auch das neurotische Sicherheitsverständnis des Staatssicherheitsapparates widerspiegelt. Auf keinen Fall werden wir die Akten zu einem Mittel machen, eine Person umfassend einzuschätzen. Aber sie lassen uns doch erkennen, ob eine Person eine Unterschrift zur Mitarbeit beim MfS geleistet und ob sie, wenn sie als Mitarbeiter erfaßt ist, eher aus einer Haltung der Verweigerung, der Angst, oder mit dem Willen zur Konspiration mit der Stasi kooperiert hat.

Es wird noch eine Weile dauern, bis wir das Labyrinth der Stasi-Akten in ein funktionierendes Archiv verwandelt haben, das es erlaubt, die Aufarbeitung der Vergangenheit wirklich in die Hand zu nehmen. Dann erst werden wir berechtigten und unberechtigten Beschuldigungen nachgehen können und den Verfolgten Zugang zu dem über sie gespeicherten Material verschaffen. Dann erst werden wir mit der wissenschaftlichen Aufarbeitung beginnen und auch gegen jene vorgehen können, die als Täter strafrechtlich zur Verantwortung gezogen werden müssen. Schon heute ist jedoch absehbar, daß die Verwaltung der Millionen von Stasi-Akten eine Aufgabe ist, die in der Geschichte ohne Beispiel ist.

I. Die Opfer

Im Fadenkreuz der Stasi

Das Trauma der Verfolgten

Reiner Kunze und Erich Loest haben durch Zufall Einblick nehmen können in das, was das Ministerium für Staatssicherheit im Laufe vieler Jahre über sie gesammelt hat. Der eine fand die angeschmorten Reste seiner Akte auf einer Müllkippe und bekam daraufhin in den Wirren der Revolution das im Archiv der Stasi aufbewahrte zweite Exemplar ausgehändigt. Der andere kaufte die Schnüffelunterlagen bei einer ominösen Frau, die sie angeblich in einer Mülltonne gefunden hatte. Beide mußten einen geradezu physischen Ekel überwinden, die Lektüre bis zu Ende zu führen, um aus diesen Eingeweiden des Staatssicherheitsdienstes eine Dokumentation für die Nachwelt zu erstellen.

Die Durchsicht einer Stasi-Akte ist in der Tat ein wenig erfreuliches Unterfangen. In der Maske biedermännischer Schlichtheit und bürokratischer Gründlichkeit schlägt einem unweigerlich die ganze Welt der Anpassung, Überwachung und Verfolgung in der alten DDR entgegen. Freunde entpuppen sich als Spitzel, längst vergessene oder verdrängte Ereignisse werden wieder in Erinnerung gerufen, intime Details oder Streitigkeiten aus dem Eheleben sind penibel vermerkt, weil sie der Stasi vielleicht einen Anhaltspunkt für die beabsichtigte «Zersetzung» ihrer «feindlich-negativen Zielperson» hätten bieten können.

Die meisten Menschen denken, wenn sie von den Stasi-Akten sprechen, in erster Linie an diese Personendossiers, obwohl in den Archiven auch Tausende von Akten mit Dienstanweisungen und Befehlen des MfS lagern. Um das ganze Ausmaß der Überwachung zu erhellen, ist man aber tatsächlich auf eine Auswertung der personenbezogenen Akten angewiesen. Wer beispielsweise die Stasi-Aktivitäten bei kirchlichen Protestaktionen ermitteln will, muß bei den *Personen* suchen, die damals protestierten – nur so findet er die operativen Vorgänge und Kontrollmaßnahmen, die die Staatssicherheit für bestimmte Sachkomplexe anordnete. Einen Stichwortkatalog, in dem man etwa unter dem Begriff «Umweltaktivitäten» nachschlagen könnte, gibt es nicht. Zusammenfassende Berichte schrieben zwar auch die verschiedenen Abteilungen, die – wie die Abteilung XX/4 – für die Bearbeitung der Kirchen oder – wie XX/7 – für den sogenannten politischen Untergrund zuständig waren. Auch die «Zentrale Auswertungs- und Informationsgruppe» (ZAIG) lieferte fortwährend Sachberichte an die politische Führung. Doch die gespenstische Arbeitsweise der Stasi erschließt sich nur aus den personenbezogenen Akten.

Die meisten DDR-Bürger wurden auf gleichsam alltägliche Weise stasiaktenkundig, nämlich durch Sicherheitsüberprüfungen, die bei den verschiedensten Anlässen selbstverständlich waren – beispielsweise nach einem Antrag auf eine dienstliche oder private Westreise, bei einer anstehenden Beförderung oder vor Beginn des Studiums. Wenn nun im Zuge der Ermittlungen zweifelhaft blieb, ob der Betreffende eine «positive oder zumindest loyale Einstellung zum sozialistischen Staat» hatte oder wenn seine «Einstellung gegenüber feindlichen und anderen negativen Aktivitäten, Erscheinungen und Einflüssen» (Richtlinie 1/82 «Zur Durchführung von Sicherheitsüberprüfungen») nicht entschieden genug war, konnte eine dauernde Observierung angeordnet werden. Dies geschah im Rahmen einer «Operativen Personenkontrolle» (OPK) oder eines «Operativen Vorgangs» (OV) – so die exakte Bezeichnung der eigenlichten «Opferakten».

Die personenbezogenen Akten des Ministeriums für Staatssicherheit sind alle nach dem gleichen Prinzip aufgebaut: Auf dem Deckel stehen in der Regel der Deckname und eine Nummer, was jedoch nichts darüber aussagt, ob es sich um eine Täter- oder eine Opferakte handelt – Decknamen bekamen nämlich alle Erfaßten. Bei diesen Decknamen entwickelte die Stasi eine merkwürdige Phantasie: manchmal rührte er von einem Ort oder einem Körperteil her, manchmal hatte er etwas mit dem Beruf der betroffenen Person zu tun oder verballhornte ihren Namen; wenn die Dinge nicht so ernst wären, könnte man gelegentlich sogar von kabarettistischen Zügen sprechen, wie sie einem bei jedem Geheimdienst begegnen. Reiner Kunze führte die Stasi zum Beispiel unter dem Decknamen «Lyrik», Erich Loest unter «Autor II», andere hießen «Rotbart», «Sauger» oder «Lehrer», je nachdem, was der Stasi gerade einfiel.

Mit ihren inoffiziellen Mitarbeitern (IM) operierte die Stasi exakt nach Plan. So mußte jede Diensteinheit ständig darüber Rechenschaft ablegen, wie viele inoffizielle Mitarbeiter von ihr geführt wurden und in welchem Maße sich der IM-Bestand erweiterte. Die Informanten waren jeweils einem bestimmten hauptamtlichen Mitarbeiter zugeordnet, der wiederum für die auszuspionierende Zielperson – eine Führungskraft in der Wirtschaft, ein Schriftsteller, ein Kirchenmann oder ein Oppositioneller – ausgeklügelte Arbeitspläne zu entwerfen hatte. Aus der Akte eines Opfers, das bei der Stasi als «Operative Personenkontrolle» oder als «Operativer Vorgang» geführt wurde, geht oftmals hervor, wie sich ein Stasi-Offizier oder bei besonders «gefährlichen» Personen sogar eine ganze Arbeitsgruppe mit geradezu wissenschaftlichem Eifer daransetzten, eine «Bearbeitungskonzeption» oder einen «Maßnahmeplan» zu entwickeln.

Der Aufwand, der dabei betrieben wurde, ist unvorstellbar: Bei interessanten Personen durchsetzte die Stasi alle Lebensbereiche mit Inoffiziellen Mitarbeitern oder anderen «Vertrauenspersonen», den sogenannten «Gesellschaftlichen Mitarbeitern Sicherheit» (GMS), die nicht konspirativ, sondern ganz offiziell Bericht erstatteten. Häufig enthalten die Akten sogar graphische Darstellungen, die das strategische Bemühen um den richtigen Einsatz der inoffiziellen Mitarbeiter widerspiegeln. Darüber hinaus ordnete die Stasi Post- und Telefonkontrollen sowie heimliche Hausdurchsuchungen an, die helfen sollten, letzte Informationslücken zu schließen. Wenn das nicht ausreichte, ging sie zum direkten Lauschangriff über und ließ Wanzen installieren, die von einer speziellen Abteilung permanent abgehört wurden. Die Angaben, in welchem Zeitraum und aus welchem Grunde die Post kontrolliert oder das Telefon abgehört wurden und welche Personen eingesetzt waren, um das Opfer zu observieren oder zu isolieren, finden sich ebenso in seiner Akte wie die Ergebnisse dieser totalen Überwachung.

Wollte die Stasi zum Beispiel ein Sicherheitssystem um einen Bischof aufbauen, schaute sie sich zunächst die Bezugspersonen an, über die sie ohnehin schon in seinem Konsistorium verfügte, und prüfte alle weiteren Bereiche, in denen er arbeitete – Regionalsynode, Bundessynode oder Konferenz der Kirchenleitung –, auf bereits vorhandene inoffizielle Mitarbeiter. Das geschah durch Rückfragen bei der Zentrale in Berlin oder in den Verwaltungen des Bezirks, wo der Bischof wohnte. Erst wenn über die vorhandene IM-Basis Klarheit herrschte, begann die Suche nach neuen Informanten. So sah das

Spiel jedesmal aus, wenn eine Person neu in das Blickfeld der Staatssicherheit rückte – ein Betriebsdirektor, der häufig ins Ausland fahren mußte, der Leiter eines Theaters, der politisch brisante Stücke inszenieren ließ, ein Superintendent, der neu berufen worden war, eine erfolgreiche Sportlerin, die an internationalen Wettkämpfen teilnehmen wollte.

Die Staatssicherheit verfügte jedoch nicht nur über ein nahezu unbeschränktes Arsenal an Maßnahmen, um jeden beliebigen DDR-Bürger zu observieren und lückenlos erkennbar zu machen. Sie gab auch detaillierte Anweisungen, um ihre Opfer zu entmutigen und zu «zersetzen», wie es in der Stasi-Sprache hieß. Was mit den gewonnenen Erkenntnissen geschehen sollte, um den «feindlich-negativen» Bestrebungen eines Opfers entgegenzuwirken, findet sich in den Maßnahmeplänen der Operativakten niedergelegt. So beauftragte die Stasi beispielsweise ihre inoffiziellen Mitarbeiter, bestimmte Gerüchte zu verbreiten oder Erkenntnisse weiterzugeben, die sie aus der Observierung gewonnen hatte. Oft ließ sie jemanden als Stasi-Spitzel verdächtigen – bezeichnenderweise, um den Betreffenden zu denunzieren. Da man im politischen Untergrund oder in einer Friedens- oder Umweltgruppe auf gegenseitiges Vertrauen angewiesen war, versuchte die Stasi auf diese Weise, die Glaubwürdigkeit einer unliebsamen Person zu ruinieren. Unter Umständen führte ein solcher Verdacht sogar zum Ausschluß aus der Gruppe, auf jeden Fall galt der Betreffende nicht mehr als verläßlich.

Eine andere Methode, insbesondere in kirchlichen Kreisen, war es, jemandem obszöne Fotos ins Haus zu schicken oder ihm Liebesverhältnisse anzudichten. Einen Pfarrer, der zu den Köpfen der Opposition zählte und nach der «Wende» ein wichtiger Politiker wurde, fotografierte die Stasi zum Beispiel an einem FKK-Strand an der Ostsee, später hing das Foto im Lebensmittelladen seines Dorfes. Private oder finanzielle Probleme wurden gezielt ausgenutzt, um Menschen abhängig und erpreßbar zu machen. Ein weiteres Mittel, sie gefügig zu machen, war der gezielte Umgang mit Privilegien – zum Beispiel mit der Möglichkeit, in den Westen zu reisen oder Verwandte und Freunde aus dem Westen empfangen zu dürfen. Willkürlich wurden Einreiseverbote verhängt, andere Personen konnten zu Geheimnisträgern erklärt werden, denen jeder West-Kontakt untersagt war. Der Erwerb eines Wassergrundstücks, ein beruflicher Karrieresprung, ein mildes Gerichtsurteil oder die Einstellung eines Ermittlungsverfahrens – alles konnte der Staatssicherheitsdienst erreichen oder verhindern, wenn dieser damit seinen Zielen näher kam.

Eine beliebte Variante in dem Arsenal der verschiedenen Verunsicherungsstrategien war die Organisierung des beruflichen Mißerfolges. Zu diesem Zweck wandte sich die Stasi an die Vorgesetzten und staatlichen Leiter, die durch die ständig verlangten Beurteilungen den Aufstieg von Fachleuten fördern oder bremsen konnten. Wenn beispielsweise ein Betriebskollektiv seine Arbeitsergebnisse diskutierte, traten inoffizielle Mitarbeiter oder willfährige Genossen auf, denen die Stasi den «Kampfauftrag» gegeben hatte, das, was die Zielperson sagte, zu bestreiten und ad absurdum zu führen. Auf diese Weise demonstrierten die heimlichen Helfer des MfS nicht nur, daß sich die Zielperson in Fachdiskussionen nicht durchsetzen konnte, sondern die Stasi konnte sich in Zukunft auch auf Bemerkungen von Genossen oder Kollegen stützen, die die Kompetenz der betreffenden Person bestritten hatten. Dieses Vorgehen war deshalb besonders hinterhältig, weil es auf den ersten Blick vollkommen unpolitisch aussah und nicht besonders auffiel – jeder wußte ja, daß im beruflichen Alltag der DDR nicht die Kompetenz, sondern Gehorsam und ideologische Treue gewürdigt wurden. Wenn sich jemand wirklich beruflich engagierte, konnte er somit den «sicherheitspolitischen Hintergrund» seiner erfolglosen Bemühungen oft gar nicht erkennen, sondern vermutete häufig allenfalls dahinter nur den Neid oder die fachliche Inkompetenz der anderen. Begann der Betroffene schließlich auch an seiner eigenen Kompetenz zu zweifeln, waren die Absichten der Stasi erreicht – Selbstzweifel zu erzeugen, war eines der Ziele, das am häufigsten in den Maßnahmeplänen formuliert wurde.

Es liegt auf der Hand, daß ein Mensch auf die Dauer zerrieben wird, wenn er sich jeden Tag ärgern muß, weil er im Berufsleben von inkompetenten Kadern angeleitet und selbst nicht entsprechend den eigenen Fähigkeiten eingestuft wird, wenn er nicht in den Westen reisen darf und die eigenen Verwandten ihn nicht besuchen dürfen, wenn er zudem noch erlebt, wie seine Post kontrolliert, das Telefon abgehört wird und er im Freundeskreis mit einem Rufmord konfrontiert ist. Viele Menschen in der alten DDR waren reine Nervenbündel, weil sie ebendies alles aushalten mußten und ständig einem unsichtbaren Gegner gegenüberstanden. Auch ohne daß ein Mensch gleich ins Gefängnis kam, und ohne dramatische Dinge wie Morddrohungen oder anonyme Briefe mit pornographischen oder politischen

Frechheiten, war das System außerordentlich wirkungsvoll, wenn sich die unterschiedlichen und auf den ersten Blick banal wirkenden Maßnahmen auf einen Menschen konzentrierten. Im Fadenkreuz der Stasi zu stehen, bedeutete in der Regel jahrelangen psychischen Druck und das ständige Gefühl der Überwachung aushalten zu müssen – mehr noch, die Erfahrung, unfähig zu sein und das Leben nicht bestehen zu können.

Zwischen Verführung und Erpressung

Die schwierige Grenzziehung
zwischen Tätern und Opfern

Kaum eine Frage zum Komplex des Stasi-Überwachungsapparates ist
so schwer zu beantworten wie die: Wer waren die Täter? Das mag auf
den ersten Blick Überraschung auslösen, weil angesichts der Tatsache, daß die Stasi buchstäblich über alles Buch führte, natürlich auch
ihre Mitarbeiter sämtlich erfaßt sind. Und ganz schematisch könnte
man feststellen, alle hauptamtlichen Mitarbeiter des Ministeriums für
Staatssicherheit – ein Personenkreis von rund 100000 Menschen – trü-
gen die Verantwortung für das Unheil, das von diesem Geheimdienst
ausging. Doch bei genauerem Hinsehen stellt sich heraus, wie unzureichend das Kriterium «Gehaltsempfänger des MfS» ist, wenn es um
Schuld, Mitschuld und Unschuld geht.

Was ist zum Beispiel mit jenen hauptamtlichen Mitarbeitern, die
reine Wachsoldaten waren, die als Kraftfahrer arbeiteten, die Versor-
gungsgüter fuhren oder für die Sparkasse der Staatssicherheit tätig
waren und mit der Unterdrückung der Bevölkerung wenig zu tun hatten? Was ist mit den festangestellten Köchinnen und Köchen, dem
Reinigungspersonal, den Mitarbeitern im Bereich Personen- und Ob-
jektschutz, den es in jedem Staat gibt, der dort jedoch nicht vom Geheimdienst organisiert wird? Jeder Staatsgast, der die Grenze der
DDR überschritt, wurde beispielsweise von einem Offizier der Staatssicherheit in Empfang genommen, der sich beim Protokollchef
vorstellte und nun für die Sicherheit zuständig war. Schon bei dieser
kurzen Differenzierung wird deutlich, daß der Begriff «Täter» nicht
pauschal auf alle hauptamtlichen Mitarbeiter angewandt werden
kann.

Hinzu kommt, daß die Hauptamtlichen ja nicht die einzigen waren,
die an dem großen Überwachungs- und Verfolgungswerk der Stasi
mitwirkten. Die Möglichkeiten der Kooperation mit dem MfS waren

vielfältig und reichten von der Arbeit bezahlter Spitzel über gelegentliches Auskunftgeben bis hin zur selbstverständlichen Zusammenarbeit aller Partei- und Staatsfunktionäre mit dem Staatssicherheitsdienst. Manche halten die Mitarbeit als inoffizieller Mitarbeiter sogar für verwerflicher als die hauptamtliche Tätigkeit, weil sie für die Opfer nicht als solche erkennbar war und auf einem fundamentalen Vertrauensbruch basierte. Ein IM beging Verrat, und das oftmals an nächsten Freunden oder Verwandten.

Aber auch die Inoffiziellen Mitarbeiter der Stasi können nicht pauschal zu Tätern abgestempelt werden, denn unter ihnen gab es nicht wenige Menschen, die immer Gegner des SED-Regimes gewesen waren und die nur aufgrund besonderer Druck- und Krisensituationen ihre Unterschrift gegeben oder «Ja» zu einer Mitarbeit gesagt haben. In jedem Einzelfall ist daher sorgfältig zu untersuchen, warum wer was der Stasi berichtet hat, denn unter Umständen war eine Erpressung im Spiel oder die IMs erzählten nur das, was ohnehin jeder wußte. Die große Schwierigkeit bei der Beurteilung der Frage, ob jemand Opfer oder Täter oder vielleicht auch beides war, ist, daß sehr viele Differenzierungen notwendig sind.

Selbst eine Erpressung ist nicht immer eindeutig als solche erkennbar. Wenn zum Beispiel ein junges Paar versuchte, in den Westen zu flüchten, festgenommen wurde und sich anschließend getrennt in der Stasi-Untersuchungshaft befand, konnte die Stasi unerhörten psychischen Druck ausüben. Es begannen dann zumeist umfangreiche Verhöre, in deren Verlauf den Inhaftierten immer deutlicher wurde, daß sie der Gnade der Staatssicherheit auf Gedeih und Verderb ausgeliefert waren. Die Vernehmer spielten ihre Macht aus, indem sie, wenn die Betroffenen am Ende ihrer seelischen Kraft waren, das Angebot unterbreiteten: «Ja, wenn Sie mit uns kooperieren, dann löst sich Ihr Problem.» Es konnte dann dazu kommen, daß einer der beiden Partner ganz eisern jede Form von Zusammenarbeit verweigerte und keinerlei Aussagen machte, während der andere Partner meinte, durch eine gewisse Kooperationsbereitschaft könnte er vielleicht auch für den anderen den Durchbruch erzielen und möglichst bald in den Westen gelangen.

Die Drucksituation war oft so groß, daß die Betroffenen keinen anderen Ausweg sahen, als eine Bereitschaftserklärung zur Zusammenarbeit zu unterschreiben. Die Stasi «erleichterte» ihnen diesen Entschluß, indem sie nicht klar und deutlich zu verstehen gab, daß sie sie auf diese Weise als «Inoffizielle Mitarbeiter» anwarb, sondern zum Beispiel argumentierte: «Sie wissen ja, daß wir für den Frieden arbeiten, und auch wir wollen den Ausgleich zwischen den Systemen. Sie wollen zwar in den Westen, ein Vorhaben, das wir nicht gutheißen und von dem Sie besser abrücken würden. Aber Sie können für sich und Ihre Frau oder Ihre Freundin mehr erreichen, wenn Sie konstruktiv mit uns zusammenarbeiten, wenn Sie offen und ehrlich» – das waren häufig benutzte Ausdrücke der Stasi – «mit uns sprechen und uns alle Mitteilungen machen, die zweckdienlich sind. Wir verabreden das jetzt, und Sie müssen nur ihre Bereitschaft zur Zusammenarbeit unterschreiben.»

Das ist ein typischer Vorgang, den man unter Umständen aber nicht als Erpressung bezeichnen würde. Ein Stasi-Offizier würde sagen, er habe im Rahmen seines Systems Überzeugungsarbeit geleistet – der Betroffene aber hat bei sich nur gedacht: «Wie komme ich hier raus, wie komme ich hinter diesen Gitterstäben hervor, wie komme ich an einen Anwalt heran, wie kann ich Öffentlichkeit herstellen? Wenn ich hier unterschreibe, komme ich vielleicht frei und kriege keinen Prozeß.» Es konnte sogar passieren, daß ein kooperationswilliger Partner freigesprochen wurde, während der andere in einem Verfahren zu 18 Monaten Haft verurteilt wurde. Der eine von beiden steht nun in der Kartei als «Inoffizieller Mitarbeiter» und hat auch die Bereitschaftserklärung unterschrieben – ist er deswegen ein Täter, oder ist er nur ein Opfer?

Ein anderes Beispiel: Ein junger Wissenschaftler, der auf seinem Fachgebiet erfolgreich gearbeitet hatte, weigerte sich energisch, der SED beizutreten – was für ihn mit großen psychischen und beruflichen Belastungen verbunden war, weil eine Universitätskarriere ohne SED-Mitgliedschaft sehr unwahrscheinlich war. In einer solchen Situation konnte ein akademisch ausgebildeter MfS-Offizier mit ihm Kontakt aufnehmen, zunächst nur, um über rein fachliche Fragen zu sprechen, über den Verlauf eines Kongresses zum Beispiel, den er zuvor besucht hatte. Ein solches unverbindliches Gespräch sollte eine Tür öffnen, die den Weg zu weiteren Gesprächen freimachte. Vielleicht freute sich der Wissenschaftler sogar in gewisser Weise, daß sich endlich einmal ein Mitarbeiter des Staatsapparates für seine speziellen Wissenschaftsthemen und seine Schwierigkeiten interessierte, daß er ihm zuhörte, mit ihm sprach und diskutierte. Wenn es zur Verabredung weiterer Treffs kam, konnte der Wissenschaftler natürlich nicht ahnen, daß über ihn längst eine Vorlauf-Akte angelegt war, und wenn er irgendwann mit der Frage konfrontiert wurde, ob er nicht auch meine, man sollte diese Gespräche in gewissen regelmäßigen Abständen weiterführen, dann war ihm vielleicht gar nicht klar, daß dies eine Anwerbung als IM war. War er eventuell noch ein bißchen naiv oder sehr spezialisiert und in sein Fach versponnen, wurde er unter Umständen auch dann noch nicht mißtrauisch, wenn er seine Gesprächsbereitschaft durch eine Unterschrift bekräftigen sollte – das war dann die IM-Verpflichtung, in der keineswegs immer klar und deutlich stand, daß man nun IM sei und irgendeinen bestimmten Decknamen trüge.

Wie schwer die Grenzziehung zwischen Täter und Opfern fallen kann, wird besonders bei der Überwachung Andersdenkender deutlich, in deren Reihen das MfS systematisch und in einem unglaublichen Ausmaß ihre Spitzel schleuste beziehungsweise Informanten anwarb. Das für die Observierung der Kirchen zuständige Referat XX/4 entsandte ja nicht nur inoffizielle Mitarbeiter in die Gottesdienste zum Abhören der Predigten, installierte nicht nur Wanzen in Beichtstühlen und den Wohnungen der Pastoren oder kontrollierte den gesamten Postverkehr der Kirchen. Vielmehr bemühte sich das Referat auch darum, gerade in der «Höhle des Löwen» die größtmögliche Zahl von Informanten zu besitzen.

Während in den ersten Jahrzehnten die traditionellen Tätigkeiten der Kirche – Gottesdienste, Hauskreise, Junge Gemeinden, kirchliche Institutionen – im Vordergrund der Überwachung standen, durchsetzte das MfS seit Ende der siebziger Jahre vorrangig die neu entstandenen innerkirchlichen Friedens- oder Umweltgruppen. Die Stasi wollte auf die Weise nicht nur über alle geplanten Aktivitäten und Überlegungen informiert sein, sondern die Gruppen auch destabilisieren und ihre Mitglieder verunsichern. Dabei wurde die Zahl der Spitzel mit der Zeit so groß, daß manche Arbeitskreise in sich zusammengefallen wären, hätte die Stasi auf einen Schlag alle ihre Mitglieder abgezogen. Offenkundig war diese Form der Durchsetzung für das MfS auch nicht besonders schwierig. Die Staatssicherheit schickte oftmals gerade solche Menschen dorthin, die sich mit den Zielen der Friedenspolitik oder des Umweltschutzes identifizierten und eingeredet bekamen, sie könnten auf diese Weise dazu beitragen, daß die politische Führung endlich erführe, was in den Gruppen wirklich gedacht würde – als wäre es nicht um die Beobachtung «staatsfeindlicher» Gruppen gegangen, sondern um die Überleitung ihrer Forderungen in staatliche Politik.

So paradox es klingt – die Stasi stellte auch einen Teil der Opposition. Diejenigen, die für sie als Informanten arbeiteten, waren in früheren Jahren vielleicht gläubig in die SED eingetreten und hatten bereitwillig eine Bereitschaftserklärung, für das MfS zu arbeiten, unterschrieben; später gerieten sie dann unter Umständen in Gegensatz zu manchen Positionen der SED oder auch zum ganzen System, schleppten aber immer noch ihre Stasi-Unterschrift mit sich herum. Wurden sie Mitglied eines oppositionellen Gesprächskreises oder einer Umweltgruppe, registrierte dies die Stasi natürlich aufmerksam und kam sie gelegentlich besuchen. Lehnten sie eine Zusammenarbeit ab, konnte die Stasi sie mit ihrer alten Unterschrift erpressen und drohen, den anderen Mitgliedern der Gruppe oder engen Freunden davon Mitteilung zu machen. Kam es dann zu regelmäßigen Kontakten, stritten sich die Betroffenen unter Umständen mit ihren Führungsoffizieren über die Richtigkeit der neuen Themen oder führten regelrechte politische Debatten.

Um keine Mißverständnisse aufkommen zu lassen: Diese eigenartige Verquickung bei manchen Menschen, *noch* Mitarbeiter der Stasi, aber *schon* Teil der Erneuerung gewesen zu sein, trifft nur auf eine Minderheit der Betroffenen zu. Man darf nicht die kleine Zahl derer, wo sich beide Identitäten miteinander vermischten, mit der großen Gruppe derer verwechseln, die aus anderen Gründen zu einer Stasi-Mitarbeit bereit war – weil es für sie mit deutlichen Vorteilen verbunden war oder weil sie in der konkreten Situation versagten. Diejenigen, die in Opposition zur SED-Führung standen, die den Mut zur Kritik und zum politischen Engagement aufbrachten, mußten dafür bis auf wenige Ausnahmen große Nachteile und oftmals persönliches Leid auf sich nehmen. Was Erich Loest, Reiner Kunze, Freya Klier, Jürgen Fuchs oder Wolf Biermann in Worte fassen konnten, ruht bei vielen immer noch unbewältigt als Stein in der Seele.

Gängige Praxis der Stasi war es darüber hinaus, leitende Personen der Kirche regelmäßig zu besuchen und auszufragen – was die Betroffenen in einer Mischung aus Angst und Versöhnungsbereitschaft gegenüber dem sozialistischen Staat oftmals zwar widerstrebend, aber eben doch akzeptierten. Zusammenfassende Protokolle dieser Gespräche finden sich nun in den Akten, und es ist noch nicht einmal verwunderlich, wenn die Betroffenen gerade in diesen Gesprächen eher diplomatisch und kooperationsbereit als kritisch und oppositionell agierten.

Anhand einiger weniger Fälle können wir nachweisen, wie die Stasi Gesprächskontakte zu engagierten Personen manchmal sogar zu IM-Kontakten ummünzte – auch ohne eine mündliche oder schriftliche Bereitschaftserklärung oder gar eigene schriftliche Berichte. Wollte der kirchliche Mitarbeiter im Gespräch mit diesem mächtigen Staatsorgan möglicherweise ein Klima der gegenseitigen Berechenbarkeit erzeugen, so verfolgte der betreffende Stasi-Offizier die Absicht, einen neuen inoffiziellen Mitarbeiter zu gewinnen. Konnte der Offizier seinem Vorgesetzten einen regelmäßigen Kontakt zu dem Kirchenmann nachweisen, stimmte dieser unter Umständen zu, den Betreffenden auch ohne dessen Kenntnis als IM zu führen. Dieses Verfahren widersprach zwar den Richtlinien, wurde aber gelegentlich in dem für Kirchen zuständigen Referat XX/4 praktiziert. Der Angesprochene durfte natürlich keinen besonderen Verdacht hegen und mußte aufgrund seiner Funktion oder seiner Persönlichkeitsstruktur auch das offene Gespräch akzeptieren. Dieses Gespräch konnte auch durchaus kontrovers verlaufen – aber es bot dem Stasi-Mitarbeiter die Möglichkeit, in einem ihm sonst sehr verschlossenen System anwesend zu sein.

Manchmal finden sich auch solche Erklärungen in den Akten: «Da die Zielperson aufgrund ihrer christlichen Einstellung nicht bereit war, gegen andere Personen auszusagen, wurde davon abgesehen, ihn förmlich zu verpflichten.» Man muß dabei berücksichtigen, daß es ja gerade in den Bereichen, für die sich die Stasi besonders interessierte, insbesondere in den Kirchen, aber auch in der Kulturszene und in der Jugend, viele Personen gab, die aufgrund ihrer Persönlichkeitsstruktur und ihrer moralischen Wertvorstellungen erwarten ließen, daß sie sofort «abspringen» würden, wenn das Thema «inoffizielle Mitarbeit» zu direkt angesprochen worden wäre. In solchen Fällen verzichtete die Stasi lieber auf eine schriftliche Verpflichtungserklärung, als eine wertvolle Informationsquelle zu verlieren.

Die Stasi suchte sogar Minderjährige für die konspirative Arbeit zu gewinnen, und es ist – schon aus rechtsstaatlichen Gründen – schwer, in diesem Zusammenhang von Tätern zu sprechen. In einer Rede führte Erich Mielke zum Einsatz von jugendlichen IM einmal aus: «Natürlich ist es nicht einfach, unter Jugendlichen die richtigen inoffiziellen Mitarbeiter zu schaffen, denn das müssen im Prinzip Jugendliche dieser besonders interessierenden Altersgruppe, zum Beispiel 16–20jährige sein, damit sie auch wirklich eindringen können. Solche

IMs müssen genauso ‹aufgebaut› werden, wie das in anderen Fällen notwendig ist. Das heißt, hier muß bereits unter den 14–15jährigen gezielt kooperativ gearbeitet, ausgewählt, und sie für eine Zusammenarbeit mit uns in geeigneter Form gewonnen werden.»

Das langsam, aber deutlich nach dem «Prager Frühling» anwachsende Protestpotential in der nachwachsenden Generation, das sich unter anderem in heimlich angebrachten Maueraufschriften und ähnlichen Aktionen niederschlug, beunruhigte die Stasi nachhaltig. So führte Erich Mielke vor Führungskadern im März 1970 aus: «Wir haben keinerlei Grund zur Selbstzufriedenheit, zumal eine große Anzahl – über 2700 – dieser angeführten feindlichen Handlungen noch unaufgeklärt ist, darunter solche Delikte wie Anbringen von Hetzlosungen (469) Fälle und Verbreitung von Hetzschriften (332). Ich habe in diesem Zusammenhang mit einem sehr starken Anfall feindlicher Handlungen während der CSSR-Ereignisse darauf orientiert, diese Handlungen exakt zu analysieren und ihre Bearbeitung konsequent weiterzuführen.»

Auch in den siebziger und achtziger Jahren, im Grunde bis zum revolutionären Herbst 1989, war am ehesten die junge Generation zu Kritik und Protest bereit. Zeitgleich mit der Entspannungspolitik, dem KSZE-Prozeß und dem Konzept des «Wandels durch Annäherung» entstand ab Ende der siebziger Jahre mit der Bewegung «Schwerter zu Pflugscharen» oder den Umweltgruppen unter dem Dach der Kirchen eine regelrechte Protestkultur, die immer weitere Kreise zog. Die Staatssicherheit sah darin eine äußerste Bedrohung und reagierte mit einer Ausweitung des Personals, mit verschärften Sicherheitsstrategien und einer Erweiterung der Observierungs- und Einschüchterungsmaßnahmen – aus heutiger Sicht ein Wettlauf zwischen Hase und Igel.

Die Folge der ausufernden Sicherheitsdoktrin der Stasi war, daß immer weitere Bereiche der Gesellschaft in den Sog des Überwachungsapparates gerieten – auch und gerade in der Jugend, die nicht nur für Protest, sondern auch für die verschiedenen Methoden der Repression besonders anfällig war. In einer zentralen Planvorgabe für das Jahr 1983 – Höhepunkt der Friedensbewegung – hieß es beispielsweise: «Die politisch-operative Arbeit ist verstärkt zu richten auf (...) Verstärkung der perspektivischen IM-Werbung, insbesondere unter Schülern der EOS (Erweiterte Oberschule, J. G.), Studenten der Fachrichtungen Gesellschaftswissenschaften, Pädagogik, Medizin, Kunst/Kultur und Theologie.» Das MfS nahm sogar unmittelbaren Einfluß auf die Auswahl der Studienbewerber für einzelne Fachbereiche mit dem Ziel, «daß die Auswahl von Studienbewerbern gründlicher erfolgt» und «vorrangig solche Personen zum Studium zugelassen werden», die sich «mit persönlichem Engagement für die Stärkung des Sozialismus einsetzen» (Zentrale Planvorgabe 1986).

Mit einem Jugendlichen operativ zu arbeiten bedeutete zunächst, ihn zu observieren wie ein beliebiges anderes Opfer. Sein Umfeld wurde durchleuchtet, seine Bezugspersonen wurden angeschaut, und wesentlich war natürlich die Gewähr, ob die Zielperson trotz ihres jugendlichen Alters zu konspirativer Tätigkeit imstande war. Die eigentliche Anwerbung geschah gerade in dieser Altersgruppe oftmals mittels Erpressung. Wenn beispielsweise ein junger Mann in der Nationalen Volksarmee ein Wachvergehen begangen oder Alkohol getrunken hatte, bestand ein willkommener Ansatzpunkt, insbesondere wenn er aufgrund des Militärstrafrechts verurteilt wurde.

In einer solchen Situation besuchte ihn ein Offizier der Staatssicherheit und rechnete ihm vor, welche Strafe er zu erwarten hätte. Gleichzeitig ließ er aber auch erkennen, daß es eigentlich schade um ihn sei und daß er ihm gern in dieser schwierigen Situation helfen wolle, damit er sich positiver entwickeln könne. Oft erfolgte dann das Angebot, daß der Betroffene am Gefängnis vorbeikommen, seinen normalen Wehrdienst ableisten und wie vorgesehen aus der Armee entlassen werden könne, wenn er seinen Willen zur Besserung unter Beweis stellen und sporadisch mit dem Ministerium für Staatssicherheit zusammenarbeiten würde, das doch nur dafür sorge, daß «unser Friedensstaat ungestört aufgebaut werden kann» – die Verantwortlichen hätten erkannt, daß er aufgrund seiner Intelligenz und seines guten Rufes unter den Genossen, mit denen er auf einem Zimmer sei, durchaus für höhere Aufgaben geeignet sei.

Wenn ein junger Mann von 18 oder 19 Jahren vor der Wahl steht, entweder ins Militärgefängnis zu gehen oder mit einer angeblich den Frieden fördernden Institution zusammenzuarbeiten, wird er oftmals schon aus Angst einfach unterschreiben. Es konnte ihm dann passieren, daß er relativ schnell freigelassen wurde, seinen Dienst absolvierte und lange Zeit überhaupt nichts mehr vom Staatssicherheitsdienst hörte, da dieser momentan keine Verwendung für ihn hatte. Gleichwohl war er registriert, und in seinem Heimatort lief bei der zuständigen Dienststelle des MfS die Meldung ein, daß er als inoffi-

34

zieller Mitarbeiter verpflichtet worden sei. Unter Umständen bekam er auch zu Anfang lediglich einige kleinere Aufträge, damit er aufgebaut wurde, oder er wurde erst nach einem Jahr interessant, weil er plötzlich zu einer Zielperson Kontakt hatte – zum Beispiel zu mir, als ich noch Jugendpfarrer in Rostock war.

Dann konnte die Stasi den Kontakt zu dem jungen Mann wiederaufnehmen und ihm sagen: «Wir haben gehört, daß der Herr Gauck in seiner Predigt eine regierungsfeindliche Äußerung gemacht hat – das finden wir nicht gut. Man sollte ihn davon abbringen, denn er ist doch im Grunde ein kooperativer Mann. Wir wissen, daß Sie in seiner Jugendgruppe sind – versuchen Sie doch einmal herauszubekommen, worum es dem Herrn Gauck eigentlich geht.» Ein solcher Auftrag war noch keine gezielte Bespitzelung, sondern konnte auch so verstanden werden, daß mir geholfen werden mußte – aber es war der Anfang einer vielleicht langjährigen Tätigkeit als inoffizieller Mitarbeiter.

Beispiele für Erpressungssituationen wie diese und ihre oftmals schrecklichen Folgen lassen sich viele finden. In einer Hafenstadt wie Rostock war es etwa gang und gäbe, daß die Angehörigen der Seereederei, also Matrosen, Kapitäne oder Schiffsköche, einer besonderen Sicherheitsprüfung unterzogen wurden – sie hatten ja das seltene Privileg, ins Ausland reisen zu dürfen. Die Staatssicherheit mußte ihre Seefahrtsbücher regelmäßig mit einem Sichtvermerk für gültig erklären, so daß sie in der ständigen Angst lebten, daß ihnen diese Verlängerung eines Tages versagt bleiben würde – praktisch bedeutete das Berufsverbot.

Ein typischer Fall: Die Stasi will einen Jugendlichen als inoffiziellen Mitarbeiter gewinnnen, der in Schwierigkeiten wegen einer Ordnungswidrigkeit ist. Das ist der Anknüpfungspunkt für den Stasi-Mitarbeiter, den jungen Mann zu «bitten», etwas über den Pastor der Jungen Gemeinde zu berichten, in dessen Jugendgruppe er Mitglied ist. Oft sagte der MfS-Offizier nur, daß der Pfarrer ihm Sorgen bereite und er lediglich wissen möchte, ob diese berechtigt seien oder nicht. Wenn der Jugendliche sich unwillig zeigte, erinnerte die Stasi nicht nur an die ausstehende Strafe für den Gesetzesverstoß, sondern auch an den Vater, einen Seemann, dessen Situation sich sicherlich nicht dadurch verbessern würde, daß sein Sohn in einer Gruppe verkehrte, die ständig den Umgang mit Staatsfeinden pflegte. An diesem Punkt setzte häufig eine Art Fürsorgeeffekt des Jugendlichen für seine Eltern ein, die ihre Kinder in der Regel selber zur Anpassung und zu einem Verhalten gegenüber dem Staat erzogen hatten, das ihnen Konflikte oder Benachteiligungen ersparen sollte. Die erlernte Bereitschaft zur Unterwerfung, verbunden mit einem sanften erpresserischen Druck und einer systematischen Verharmlosung der Mitarbeit bewirkten zusammen, daß die Stasi einen Informanten gewinnen konnte.

Die Stasi dezimierte die Kräfte einer Zielperson so lange, bis die Unterschrift geleistet war. Erkenntnisse aus der Intimsphäre wurden dabei ebenso schamlos eingesetzt wie das Wissen über berufliche Verfehlungen oder über ungeahndete kriminelle Delikte – das Strafrecht der DDR bot genügend Möglichkeiten, buchstäblich jeden vor Gericht zu stellen, wenn man es nur wollte. Die Stasi konnte, um ein weiteres Beispiel zu nennen, jederzeit Einblick in die Kontenbewegungen der Bürger nehmen und stieß auf diese Weise schnell auf eventuellen Schwachstellen des Kandidaten. Wenn ein Handwerker oder ein Künstler nicht ordnungsgemäß alle Einnahmen versteuert hatte, kam ein MfS-Offizier, stellte äußerst unangenehme Fragen und beschrieb schließlich die möglichen rechtlichen Konsequenzen – sei es eine Anklage wegen Steuerhinterziehung, sei es der finanzielle Ruin, sei es der Entzug der Gewerbegenehmigung. Wenn dann vielleicht noch Schulden abzuzahlen waren für ein Haus oder für ein Auto, fanden sich viele – oftmals voller Wut – bereit, die vorgelegte Verpflichtungserklärung zur Zusammenarbeit zu unterschreiben.

Nach der Wende haben Stasi-Offiziere wiederholt und aus einem merkwürdigen beruflichen Stolz heraus behauptet, sie hätten, wenn sie gewollt hätten, in der DDR *jeden* Bürger für eine Mitarbeit gewinnen können. Richtig ist daran, daß in einem System totaler Überwachung bei allen Menschen Schwachstellen und Ansatzpunkte für eine «Werbung» als Informant gefunden werden konnten. Falsch ist jedoch die Unterstellung, daß jeder Bürger in einer Erpressungs- oder Drucksituation gleichsam automatisch sein Gewissen und alle moralischen Wertvorstellungen außer Kraft setzen würde. Auch wenn die Masse der Menschen sich durch weitgehende Anpassung Ruhe verschaffen wollte, war dies keineswegs gleichbedeutend mit der Bereitschaft, Inoffizieller Mitarbeiter zu werden. Häufig versagte das umfangreiche Repertoire der Stasi eben doch.

Allein aus Karrieregründen ließen sich viele Menschen in der DDR nicht erpressen. Lieber verzichteten sie auf ihren beruflichen Aufstieg, als sich zum Spitzel machen zu lassen. Selbst SED-Genossen weigerten sich oftmals, mit dem MfS in dieser Weise zusammenzuarbeiten und erklärten: «Ja, ich bin Genosse, ich vertrete die Ziele des Sozialismus, aber indem ich ordentlich arbeite, indem ich meine Parteiarbeit mache – eine Mitarbeit als Informant kommt nicht in Frage.» Man konnte eben doch widerstehen, wenn man bereit war, Nachteile dafür in Kauf zu nehmen und wenn man sich anderen Menschen gegenüber öffnete, um bei ihnen Beistand zu finden.

In meiner Zeit als Jugendpfarrer in Rostock habe ich es erlebt, wie junge Menschen zu mir gekommen sind und gesagt haben: «Herr Gauck, stellen Sie sich vor, ich soll Sie bespitzeln. Man hat mir angedroht, mein Vergehen bei der Armee wieder aufzurollen und mich ins Gefängnis zu stecken, wenn ich mich weigere – was soll ich bloß machen?» Ich habe in einer solchen Situation mit dem Betreffenden überlegt, ob tatsächlich ein Verfahren hätte eröffnet werden können, denn für einen Außenstehenden war es in der Regel relativ schnell zu erkennen, ob es sich um eine bloße Drohung handelte oder nicht, notfalls haben wir einen Anwalt hinzugezogen. Wenn ein Verfahren unwahrscheinlich erschien, habe ich ihm Mut gemacht, beim nächsten Treff dem Führungsoffizier zu erklären, daß er mit seinem Pastor und seiner Freundin darüber gesprochen hätte – dann nämlich brach die Verbindung zum MfS fast automatisch zusammen. In der Akte wurde dann vermerkt: «Der inoffizielle Mitarbeiter hat sich dekonspiriert, so daß die Arbeit mit ihm eingestellt wurde. Der Vorgang ist zu archivieren.»

Der Staatssicherheitsdienst lebte davon, daß seine Mitarbeiter konspirativ arbeiteten, und eine Verletzung dieser Geheimhaltung war die entscheidende Waffe, mit der man dem MfS begegnen konnte. Wir haben deshalb den jungen Leuten, die oft in großer Angst waren, wenn das MfS sie angeworben und zu einer Unterschrift genötigt hatte, ein einfaches Mittel empfohlen, sich diesem Druck zu widersetzen – sich seiner Freundin, seinem Seelsorger oder einer anderen Person anzuvertrauen. Man mußte nur den Mut haben, dies beim nächsten Treffen dem Stasi-Mitarbeiter zu sagen: daß man es einfach nicht für sich hätte behalten können, daß man bei einer Betriebsfeier, als viel Alkohol floß, den Kollegen davon erzählte, daß man in einer seelischen Krise einer Vertrauensperson alles gestanden habe – das MfS verlor sofort das Interesse.

Die Stasi war also nicht allmächtig. Selbst dann, wenn ein archivierter IM-Vorgang vorliegt, das heißt, wenn eine Spitzeltätigkeit belegbar ist, die irgendwann wieder beendet wurde, kann man erkennen, ob sich jemand unter Umständen durch eigene Initiative aus dem Zugriff des MfS gelöst hat oder nicht – ob er Täter war oder eher Opfer. Nicht zu rechtfertigen ist jedoch, wenn ein Mensch sich durch Unterschrift, Annahme eines Decknamens und konspirative Treffs zu einer regelrechten geheimdienstlichen Mitarbeit bereitfand, wenn er diese Bindung bis zuletzt aufrechterhielt und niemandem davon Mitteilung machte. Wenn viele ehemalige inoffizielle Mitarbeiter heute behaupten, die Zusammenarbeit mit dem Staatssicherheitsdienst habe nur dem Besten aller Betroffenen gedient, müssen sie sich fragen lassen, warum sie darüber nicht schon früher eine Person ihres Vertrauens informierten.

Ob allein schon Gespräche mit der Stasi moralisch verwerflich waren, ist ebenfalls nur im Einzelfall zu beurteilen. Vereinzelt haben Funktionsträger – zum Beispiel in der Wirtschaft, in der Kultur oder in der Kirche – bei Gesprächen mit Mitarbeitern des MfS lediglich das Anliegen verfolgt, Konfliktsituationen zu entschärfen oder eine Art Fürsorge für Kollegen zu übernehmen. Anhand der Akten läßt sich heute jedoch feststellen, ob jemand, der nicht konspirativ gearbeitet hat, sondern aufgrund seiner Funktion benutzt worden ist, mit dem Staatssicherheitsdienst bewußt kooperiert oder nur das Allernotwendigste gesagt hat, um Schaden von anderen Personen abzuwenden.

Wie weit ein Informant der Stasi *noch* Opfer oder *schon* Täter war, ist in den meisten Fällen keine Frage von strafrechtlicher Relevanz – es ist aber sehr wohl eine Frage der politischen Moral. Von einem Parlamentarier oder einem Regierungsmitglied, von dem Mitarbeiter eines Ministeriums oder einem Angehörigen des öffentlichen Dienstes, von einem Richter oder Lehrer erwartet der Bürger zu Recht besondere Verhaltensweisen, wenn er ihm vertrauen soll. Es ist ein legitimes Bedürfnis der Bevölkerung zu erfahren, ob eine solche Person mit dem MfS kooperiert hat oder nicht – und zwar unabhängig davon, ob es sich dabei um strafrechtlich relevante Tatbestände handelt oder nicht.

Die in einigen Einzelfällen schwierige Grenzziehung zwischen Tätern und Opfern darf aber auf keinen Fall dazu ausgenutzt werden, daß sich die wirklich Schuldigen im Nebel zweideutiger Fälle ihrer Verantwortung entziehen können. Auch nach dem Strafgesetzbuch der DDR haben sich viele Mitarbeiter des Ministeriums für Staatssicherheit strafbar gemacht. Erinnert sei in diesem Zusammenhang an die technische Observierung sogenannter Zielpersonen, an die Verletzung des Briefgeheimnisses durch die Postkontrolle, an den Diebstahl aller westlichen Banknoten aus Briefsendungen, an körperliche Gewalt, Sachbeschädigungen, durchgeschnittene Bremsleitungen oder mysteriöse Todesfälle in den Haftanstalten der Stasi. Diese Delikte sind zum großen Teil in den Akten der Opfer dokumentiert, und die Verantwortlichen – Auftraggeber wie Ausführende – müssen dafür zur Rechenschaft gezogen werden. Die Straftaten der Stasi beruhten auf Befehlen, die von Menschen und nicht von einem anonymen Apparat verfaßt und erlassen wurden. Durch Einsicht in die Kaderunterlagen und durch Zeugenaussagen ehemaliger DDR-Mitarbeiter, die heute anders denken über ihre frühere Tätigkeit und bereit sind auszusagen, kann darüber hinaus festgestellt werden, wer in den dafür verantwortlichen Abteilungen gearbeitet hat – und dementsprechend bestraft werden muß.

Sieht man von Erich Mielke und einigen Stasi-Spionen in der alten Bundesrepublik ab, sind gegen diesen Personenkreis nach meiner Kenntnis bis heute allerdings keine Ermittlungs- oder Strafverfahren anhängig. Schon jetzt stehen die Juristen vor der Frage, ob sie beispielsweise gegen Mitarbeiter ermitteln sollen, die Briefe öffneten und lasen, oder gegen deren Abteilungsleiter, oder ob sie gegen die politisch Hauptverantwortlichen vorgehen sollen. Die Beweisführung im einzelnen Fall ist ebenso kompliziert wie die Frage der Verhältnismäßigkeit, denn eine konsequente Strafverfolgung würde eine riesige Prozeßlawine ins Rollen bringen. Hinzu kommt, daß die meisten Straftatbestände rasch verjähren, so daß unter Umständen schon sehr bald keine juristische Aufarbeitung mehr möglich ist.

Selbst bei schweren Delikten wie dem Schußwaffengebrauch an der Mauer ist es außerordentlich schwierig, die Verantwortung aufzuteilen zwischen dem, der den Befehl erteilte, ihn übermittelte, und dem, der schoß. Ein geschickter Verteidiger wird hier jede Beweislücke sofort aufspüren, wird mit besonderer Kraft die vielleicht nicht mehr volle Gesundheit seines Mandanten in Ansatz bringen und alle Gründe nutzen, die das rechtsstaatliche Verfahren bietet, eine Verurteilung zu verzögern oder auszusetzen. Paradoxerweise haben auch die Hauptverantwortlichen der Staatssicherheit in der Revolution den Rechtsstaat herbeigesehnt – auch wenn sie sich vor Augen führten, daß sie sich einmal strafrechtlich verantworten müßten. Denn sie wußten, daß dieser mit seiner komplizierten, aber gerechten Art der Beweissicherung und Beweisführung den besten Schutz für den Angeklagten bietet.

Die juristische Aufarbeitung der Stasi-Verbrechen ist eine enorme Herausforderung für die Strafverfolgungsbehörden im geeinten Deutschland, die schnell und konsequent anzufassen ist. Schon heute existiert in der Bevölkerung ein großes Unbehagen darüber, daß Personen, deren Mitverantwortung eigentlich jedermann deutlich ist, immer noch ohne Gerichtsverfahren in den Tag hineinleben können und vielleicht noch obendrein eine hohe Rente beziehen. Die Juristen können den Bürgern und mehr noch den Opfern nur mühevoll erklären, daß der Rechtsstaat nur dann glaubwürdig bleibt, wenn er auch mit den mutmaßlichen Tätern nach streng rechtsstaatlichen Prinzipien verfährt. Und aller Voraussicht nach müssen wir uns darauf einstellen, daß, ähnlich wie bei den Verfahren in der alten Bundesrepublik gegen Nazi-Verbrecher, die einzelnen Verfahren sehr lange dauern können und einige Taten verjähren werden. Eine Generalamnestie für Stasi-Mitarbeiter darf es jedoch schon um der Opfer willen und wegen der damit unweigerlich verbundenen erschütterten Glaubwürdigkeit des Rechtsstaates nicht geben.

Die Herrschaft der Angst

Anpassung als Überlebensstrategie

Der Psychotherapeut Hans-Joachim Maaz aus Halle diagnostiziert in seinem Buch «Der Gefühlsstau» die gesamte ehemalige DDR als eine kranke Gesellschaft, die einer gründlichen Therapie bedürfe. Die Tatsache, daß sich eine erschreckend große Zahl von Menschen als Spitzel zur Stasi-Mitarbeit bereitfand, betrachtet Maaz als eines von vielen Indizien für eine weitverbreitete Gefühlsarmut, die gleichsam die psychosoziale Voraussetzung für das Funktionieren von Überwachung und Unterdrückung war. Es mag problematisch sein, eine ganze Gesellschaft als «reif für die Couch» des Psychotherapeuten zu erklären, weil es schließlich Bürger gegeben hat, die, wenn auch nur vereinzelt, im Rahmen ihrer Möglichkeiten versucht haben, die verkrusteten Strukturen aufzuweichen; auch waren es ja standhafte DDR-Bürger, die letztlich das SED-Regime zu Fall gebracht haben. Gleichwohl haben vierzig Jahre sozialistischer Diktatur – und bei der älteren Generation sind die Jahre der nationalsozialistischen Diktatur hinzuzurechnen – unauslöschliche Spuren in den Menschen hinterlassen, die sich manchmal sogar tief in die Gesichter eingegraben haben oder in der Körperhaltung ausdrücken.

Die Mentalität der DDR-Bürger prägte jahrelang ein Gefühl ständiger Bedrohung. Meine früheste Erinnerung an Gewalt und Unterdrückung ist das Kriegsende, als Russen in unsere Wohnung stürmten und meine Mutter bedrohten. Nur weil sie wenige Tage zuvor entbunden hatte, blieb sie von einer Vergewaltigung verschont, aber ich weiß noch, wie sich die Frauen damals versteckten oder weglaufen mußten und wie sie sich die Gesichter schwärzten und in Männerkleidung herumliefen, wenn es unumgänglich war, sich auf die Straße zu begeben. Ich erinnere mich auch deutlich an die allabendliche Angst, es könnte an der Tür klopfen, denn das bedeutete in der Regel, daß russische Soldaten vorbeikamen, um zu plündern: Uhren, Fahrräder oder andere Wertsachen wurden mitgenommen, Radios und Autos hatten sie schon in den ersten Tagen nach der «Befreiung» eingesammelt. Und junge Männer – manchmal fast noch Kinder – wurden, nur weil sie mit herumliegenden Waffen gespielt hatten, als Werwölfe eingestuft und in die ehemaligen Konzentrationslager der Nationalsozialisten in Sachsenhausen und Buchenwald verschleppt. Das äußerst repressive Gebaren der russischen Besatzungsarmee ließ ein Gefühl der «Befreiung» in meiner Familie damals gar nicht erst aufkommen.

Ein traumatisches Ereignis war für mich, als am hellichten Tage, mitten im Sommer des Jahres 1951, mein Vater plötzlich «abgeholt» wurde – ein Begriff des Schreckens, der noch in der Nazizeit geprägt worden war. Ich war damals ein Junge im Alter von elf Jahren. Zwar habe ich das Ereignis nicht selber miterlebt, aber so oft erzählt bekommen, daß ich die Bilder so deutlich im Gedächtnis habe, als wäre ich dabeigewesen. Meine Eltern besuchten am 27. Juni mit meiner jüngsten Schwester meine Großmutter in Wustrow, die an diesem Tag Geburtstag hatte. Plötzlich störten zwei Männer die Kaffeerunde – Deutsche, die sich als Angehörige der Werft ausgaben, in der mein Vater damals Arbeitsschutz-Inspekteur für die Seefahrt war. Die Männer behaupteten, es gäbe Probleme in seinem Arbeitsbereich und mein Vater müsse sofort mitkommen. Mein Vater bat um eine kurze Bedenkzeit, weil die Visagen dieser Männer nicht gerade vertrauenerweckend wirkten. Heute wissen wir, daß es sich um Angehörige des Ministeriums für Staatssicherheit handelte, aber damals ahnte keiner in der Familie, mit wem er es hier eigentlich zu tun hatte. Während mein Vater auf der Toilette fieberhaft darüber nachdachte, was er tun solle, warteten im Wohnzimmer drei Frauen aus drei Generationen: seine jüngste Tochter, seine Frau und seine Mutter, deren einziger Sohn er war. Mein Vater entschied sich mitzugehen, und noch vor der Haustür nahmen die beiden Männer meinen Vater in ihre Mitte und brachten ihn zu einem wartenden Auto. Auf diese Weise abgeholt zu werden war in den ersten Jahren der DDR, die noch deutlich die Züge der sowjetisch besetzten Zone trug, ein beinahe alltägliches Unrecht, das jedem Bürger an jedem Ort widerfahren konnte, ohne daß er sich das geringste hatte zuschulden kommen lassen. Man kann sich durchaus auch an alltägliches Unrecht gewöhnen, aber wenn ein Mitglied der Familie, der Vater oder der eigene Bruder, abgeholt wurde, war das ein Schock. Niemand wußte, wer die Abholer waren, wohin der Vater gebracht wurde und ob man ihn jemals lebend wiedersehen würde.

Mein Vater wurde damals zunächst in einen Keller der Staatssicherheit gebracht, später zu den Russen verlegt, ebenfalls in einen Keller. Dort wurde er nackt ausgezogen, geschlagen, man ließ ihn hungern und setzte mitunter sogar den Keller unter Wasser. «Abgeholt» zu werden, bedeutete auch, daß feststand, daß man in einem willkürlichen Verfahren verurteilt werden würde; die genaue Höhe des Strafmaßes war im Grunde nebensächlich, denn üblich waren damals zweimal 25 Jahre, zweimal 50 Jahre oder zweimal die Todesstrafe – ohne daß irgendein nennenswertes Verschulden vorlag. Meinem Vater wurde damals angelastet, daß er zeitweise zu einer Schiffsbesatzung gehört hatte, von der ein Kollege in den Westen geflohen war, dem die Russen Geheimdienstkontakte unterstellten. Weil dieser ehemalige Kollege zu einigen Mitgliedern der Schiffsbesatzung wieder Kontakt aufgenommen hatte, wurden alle Mannschaftsmitglieder festgenommen, derer man noch habhaft werden konnte. Nun mußte nur noch etwas gefunden werden, was man ihnen anhängen konnte. Im Fall meines Vaters reichte dazu das Exemplar einer nautischen Fachzeitschrift aus Hamburg, das die Russen bei einer Hausdurchsuchung fanden. Zwar durfte diese Zeitschrift damals noch völlig legal eingeführt werden, aber dem russischen Richter in Schwerin reichte der Schriftzug «Hamburg» für den Schuldspruch von zweimal 25 Jahren Zwangsarbeit in Sibirien.

Von alldem ahnten meine Mutter, die mit vier Kindern im Alter von drei bis elf Jahren allein zurückgeblieben war, nichts. Meine Mutter und meine Großmutter liefen damals von Pieck zu Grotewohl zu Ulbricht, suchten sogar die Russen in Berlin-Karlshorst auf, aber sie bekamen immer nur ein und dieselbe Auskunft: «Uns ist diese Person unbekannt.» Mein Vater war einfach weg, war ein Niemand geworden, an den nicht einmal ein Grabstein erinnerte.

Nach zweieinhalb Jahren völliger Ungewißheit haben wir das erste Lebenszeichen von meinem Vater erhalten – eine Postkarte, wie sie die Kriegsgefangenen schickten, auf der er uns in kleiner Schrift mitteilte, daß er am Leben sei, und sich nach uns Kindern erkundigte. Als Absender war lediglich Moskau und eine Nummer angegeben, die westliche Experten als Code für ein Lager in der Nähe des Baikalsees entschlüsselten, wo mein Vater als Sklavenarbeiter im Wald arbeitete. Später schrieb er regelmäßig, und nach Stalins Tod durften wir ihm sogar Pakete schicken, denn inzwischen war uns bekannt geworden, daß die Sklavenarbeiter trotz der harten körperlichen Arbeit hungern mußten. Heute bin ich sicher, daß die Russen damals planmäßig in den von ihnen unterworfenen Ländern Menschen «abholten», um Arbeitskräfte zu gewinnen. Im Zusammenhang mit der Rückkehr der letzten Kriegsgefangenen im Jahre 1955 kehrten diese, später euphemistisch «Zivilinternierten» genannten, Personen zurück – darunter auch mein Vater.

Diejenigen, die in den stalinistischen Nachkriegsjahren Jugendliche oder Erwachsene waren, haben gelernt, daß dieser Staat nicht mit sich spaßen ließ, daß er unberechenbar war wie ein absoluter Herrscher und jeden Bürger am hellichten Tag aus der Mitte des Lebens herausreißen, foltern, verurteilen oder sogar töten konnte. Diese im Gedächtnis aller Bürger gespeicherten Einzelschicksale wurden seit dem 17. Juni 1953 überlagert durch die Erinnerung an jene kollektive und blutige Unterdrückung, als die Arbeiter, die sich damals gegen das System erhoben hatten, zusammengeschlagen und zusammengeschossen wurden.

Eine weitere Eskalation der Gewalt erlebten wir drei Jahre später in unserem sozialistischen «Bruderland» Ungarn. Als damals Sechzehnjähriger hätte ich am liebsten ein Waffe in die Hand genommen, wäre nach Budapest gefahren, um dort gegen die russischen Verbrecher – das waren sie in meinen Augen – zu kämpfen. Denn im selben Jahr war mein Vater aus sibirischer Gefangenschaft heimgekehrt, hatte von dieser Sklaverei des 20. Jahrhunderts berichtet, von der absoluten Rechtlosigkeit, die in den Lagern herrschte, während wir immer noch dieselben Lieder sangen von den lichten Höhen des Sozialismus, die es zu erstürmen galt.

Ich hatte aber zu dieser Zeit bereits damit begonnen, mich von einem trotzigen Anti-Kommunisten, der auch an der Schule mit seiner Meinung nicht hinter dem Berg gehalten hatte, zu einem Vertreter der «Gratwanderungstheorie» zu wandeln. Weil ich das Abitur machen wollte, sagte ich gerade so viel, oder besser: so wenig, daß ich das nächste Klassenziel nicht gefährdete, und schrieb wieder Aufsätze, die mich zwar nicht als überzeugtes Mitglied der sozialistischen Gesellschaft auswiesen, aber doch als ein funktionsfähiges. Erträglich war das nur, weil ich neben tyrannischen Lehrern auch immer wieder Pädagogen antraf, die eine gewisse Aufmüpfigkeit mancher Schüler aushielten und diese bei höheren Stellen sogar entschuldigten. In den Jahren 1955 und 1956 erlebten wir zudem in der DDR eine Phase innerer Entspannung, in der sogar westliche Autoren gedruckt werden duften – die Bücher von Heinrich Böll und Ernest Hemingway habe ich damals geradezu verschlungen.

Aber wie in einer Wellenbewegung folgte jeder Liberalisierung unweigerlich eine Zeit um so härterer Unterdrückung. Als sich Ende der fünfziger Jahre viele DDR-Bürger nicht mehr damit abfinden wollten, nur verwaltet und schikaniert zu werden, und ihnen die Hoffnung auf eine Besserung der Lebensverhältnisse immer mehr abhanden kam, verließen sie massenhaft den sozialistischen Staat. Ich erinnere mich noch so, als wäre es gestern gewesen, an den Morgen des 13. August 1961. Es war ein Sonntag, und ich hörte beim Frühstück in unserem Urlaubsort an der Ostsee vom Bau der Mauer. Obwohl ich zunächst meinen Ohren nicht traute, ist mir noch deutlich der triumphale Unterton jener Nachrichten im Gedächtnis geblieben. Die Botschaft, die der Staat mit der Einmauerung seines eigenen Volkes aussandte, lautete: «Jetzt ist Schluß, jetzt haben wir euch Bürger, und zwar für immer – lebenslänglich.»

Wenn wir von den ersten Protesten und den zahllosen Fluchtversuchen einmal absehen, hatte dieser 13. August die Wirkung einer immensen Drohgebärde, die jedem nach einer kurzen Phase der Liberalisierung kraß vor Augen führte, wer die Macht hatte und diese nach Belieben einsetzen konnte. Mit dem Bau der Mauer wurde gleichsam die Leibeigenschaft zur Staatsdoktrin erhoben, denn von da an konnte nur derjenige diesem System noch entgehen, der bereit war, sein eigenes Leben aufs Spiel zu setzen. Das Gefühl, wehrlos in der Falle zu sitzen, veränderte das Verhältnis zu diesem Staat und seinen schamlosen Lügen – wie der, daß mit dem Bau des «antifaschistischen Schutzwalles» der Frieden gerettet worden sei. Der Bürger dachte sich zwar immer noch seinen Teil, aber er konnte es nicht mehr wagen, dies auch auszusprechen, denn es gab ja kein Entrinnen mehr. Hinter der Formel vom «gelernten DDR-Bürger» verbirgt sich vor allem diese Grunderfahrung.

Mithin war der 13. August 1961 so etwas wie die eigentliche DDR-Werdung der DDR, weil in aller Nacktheit und Brutalität zutage trat, unter welchen Umständen Sozialismus in Deutschland überhaupt nur existieren konnte. Es waren die Bedingungen eines streng bewachten Reservats, in denen der einzelne Bürger sein Leben fristen konnte, ohne Möglichkeit zu entfliehen. Wer fortan nicht als Märtyrer kämpfen wollte, mußte sich ohne diese letzte Möglichkeit der Selbstverteidigung arrangieren. Für alle, die auch im real existierenden Sozialismus das Leben, das einem schließlich nur einmal geschenkt wird, genießen wollten, die fröhlich sein und Kinder haben wollten – für die wurde Anpassung von nun an zu einer Strategie des Überlebens.

Zwar gehörten die terroristischen Instrumente des Stalsinismus wie Folter, Verschleppung oder Mord der Vergangenheit an, aber seine zivile Spielart breitete sich nun ungehemmt in alle Lebensbereiche aus. Die Vorstellung der SED, im Besitz der absoluten Wahrheit zu sein, ihr Anspruch auf die absolute Macht bestimmten von nun an das Leben der DDR-Bürger buchstäblich von der Wiege bis zur Bahre. Das Ministerium für Staatssicherheit drang immer umfassender in das gesamte gesellschaftliche Leben der DDR ein und war als Angstapparat der SED ungeheuer wirkungsvoll. Die Stasi wurde zur Chiffre für die ständige Bedrohung, in der ein DDR-Bürger auch in den sechziger, siebziger und achtziger Jahren zu leben gezwungen war.

In dieser Situation wirkte die Angst gleichsam als ein Signalsystem, das ein unauffälliges Alltagsleben durch Anpassung gewährleistete. Sie wurde für mehrere Generationen zum ständigen Ratgeber, ja geradezu zum Motor, der vieles in Gang setzte: Angst bewirkte Anpassung oder sogar Überanpassung bei denen, die ihre Ellenbogen einzusetzen vermochten, sie bewirkte Depression und Rückzug in die vielbeschriebenen Nischen der DDR-Gesellschaft. Sehr selten bewirkte die Angst auch Protest – bezeichnenderweise vor allem bei den Jüngeren, die noch nicht jahrzehntelang das Gefühl permanenter Bedrohung verinnerlicht hatten. In der Regel war die Angst jedenfalls so wirksam, daß ein gewisses Maß an Überanpassung zur DDR-Normalität gehörte.

So konnte es geschehen, daß ganz «normale», eigentlich gegen das System eingestellte DDR-Bürger anderen Menschen ihre Solidarität verweigerten, weil diese zu kritisch auftraten. Wie viele Eltern haben beispielsweise heftige Vorwürfe gegen ihre Kinder gerichtet, weil diese zu laut sagten, was man doch nur denken oder im engsten Kreis sagen durfte? Und weit über 90 Prozent der wahlberechtigten Bevölkerung fügten sich alle zwei Jahre dem freiwilligen Zwang der «Wahlen», machten das Kreuzchen an der dafür vorgesehenen Stelle und reagierten mit Unverständnis auf jene, die der Scheinwahl fernblieben oder gegen sie protestierten. Weil die meisten Menschen zu besorgt und zu ängstlich waren, störten die, die es nicht waren, scheinbar nur den inneren Frieden.

Die Erziehung zur Anpassung begann bereits in der Kinderkrippe und im Kindergarten. Rigoros wurde hier das oberste sozialistische Erziehungsziel «Individualität hemmen und den eigenen Willen brechen» durchgesetzt. Schon ein Erstkläßler bekam mitunter zu spüren, wie unverzichtbar Anpassung war, weil die Lehrer häufig eher die staatstreue Gesinnung als die fachliche Leistung bewerteten. Neben dieser «Pädagogik zur Lüge», wie Freya Klier das nennt, was in den Zuchtanstalten der Nation geschah, wirkte sich für die Persönlichkeitsentwicklung des einzelnen erschwerend aus, daß in der Volksbildung der DDR ein Fach wie Religionsunterricht oder Ethik nicht vorgesehen war, also keine Möglichkeit bestand, ethische Reflexion frühzeitig einzuüben. Damit fehlte ofmals auch ein wirkungsvoller Schutz, den Zumutungen der Staatssicherheit zu widerstehen.

Die in der Volksbildung vorherrschende Pädagogik, die den Schülern antrainierte, anders zu reden als zu denken, setzte sich auch in vielen Familien fort. Manche Eltern haben ihre Kinder sogar gegen die eigene Überzeugung zu angepaßtem Verhalten erzogen, um ihnen eine reibungslose Entwicklung zu ermöglichen. Denn ungeachtet aller sozialistischen Ideale war die DDR eine Ellenbogengesellschaft à la bonheur, nur wurden hier die Ellenbogen anders eingesetzt als von den Menschen in den westlichen Demokratien. Wichtig war nicht so sehr, wirtschaftlich erfolgreich zu sein, sondern der Nachweis, daß der einzelne funktionierte, indem er das, was von ihm gefordert wurde, akzeptierte und bereit war, die von anderen formulierten Gesellschaftsziele «schöpferisch» mitzugestalten.

In jeder Lebensphase lernte ein DDR-Bürger, daß einzig Anpassung und Gehorsam seine Karriere sicherten. Nicht durch Schulbücher oder Unterrichtsprogramme geschah dies, sondern durch das Leben selbst – und um so durchschlagender war der Erfolg. Ein zur Unterwerfung erzogener und anpassungswilliger Mensch hatte naturgemäß besonders große Schwierigkeiten, sich der Staatssicherheit zu widersetzen, die ihm als die wesentliche Stütze der Macht erschien. Und da angepaßtes Verhalten in der DDR ein Massenphänomen war, hat sich ein entsprechend großer Bevölkerungsteil bereit gefunden, bei der Stasi mitzuarbeiten, ohne daß er unbedingt von der Richtigkeit seines Tuns überzeugt war. Die Verführbarkeit des einzelnen zur Zusammenarbeit mit dem MfS resultierte deshalb nicht allein aus dessen «Verführungskünsten», sondern aus einem Zusammenspiel aller Faktoren des Lebens in der DDR. Die Doppelgesichtigkeit, die den Alltag vieler Menschen prägte, war im Grunde eine Art Schule für eine Tätigkeit als inoffizieller Mitarbeiter. Diese waren, wenn sie beispielsweise als Spitzel in eine Friedensgruppe geschleust worden waren, immer gezwungen, so zu tun, als ob sie dazugehörten, während sie tatsächlich ihre vorgeblichen Freunde oder Bundesgenossen an die Stasi verrieten.

Diese fast pathologische Spaltung der Persönlichkeit finden wir nicht nur bei vielen inoffiziellen Mitarbeitern der Stasi – sie ist, wenn man so will, geradezu ein Kennzeichen des Menschen in der sozialistischen Gesellschaft gewesen. Denn obwohl viele Menschen anders redeten und auch anders handelten, waren sie doch insgeheim Gegner des Systems. Für sie war es eine Strategie des Überlebens oder auch des Erfolges, *so zu tun, als ob* sie für das System seien – Václav Havel hat dies schon vor Jahren in seinem großartigen Essay «Versuch, in der Wahrheit zu leben» am Beispiel des Prager Gemüsehändlers ausgeführt, der sein Gemüse mit politischen Propagandaparolen dekoriert. Nicht nur Künstler, Therapeuten und Theologen sehen diese Spaltung als eine Art gesellschaftlicher Krankheit, auch die meisten DDR-Bürger, die ehrlich mit sich selbst sind, müssen sich diese über lange Jahre geführte Doppelexistenz eingestehen. Gerade das Beispiel DDR hat gezeigt, daß es für die Funktionsfähigkeit einer Gesellschaft über lange Zeiträume hin relativ unerheblich sein kann, inwieweit die Menschen von dem, was sie tun, auch wirklich überzeugt sind.

Bei denjenigen Bürgern der ehemaligen DDR, die daran geglaubt haben, sich für die beste aller Gesellschaften einzusetzen, die dafür persönliche Opfer in Kauf nahmen und heute völlig orientierungslos sind, dürfte es sich hingegen nur um eine kleine, wenig relevante Bevölkerungsgruppe handeln. Ich selber habe – gerade auch als Christ – großes Verständnis für überzeugte Kommunisten, die sich jetzt in einer wirklichen Glaubens- und damit in einer Lebenskrise befinden. Aber ich habe schon früher beklagt, daß es in diesem Land viel zuwenig wirkliche Kommunisten gegeben hat. Denn derjenige, der eine Überzeugung hat, kann auch davon abweichende Überzeugungen respektieren oder sich zumindest mit ihnen auseinandersetzen. Dazu gab es in der DDR jedoch nur in Ausnahmefällen Gelegenheit, denn hier hatten erfolgsorientierte Macher und Funktionäre das Sagen, die selbst keine Überzeugung hatten und deshalb auch keine Überzeugungen bei anderen ertragen konnten. Wenn nach dem Umsturz in der DDR dennoch eine große Bevölkerungsgruppe, die aus Anpassungsbereitschaft an der Seite der SED mitmarschiert ist, in eine Lebenskrise geraten ist, dann ist diese Krise in erster Linie durch verhinderten Erfolg verursacht und nicht durch eine Erschütterung früherer Überzeugungen. Nicht jede der Klagen, die man heute in der DDR hört, darf als Dokument einer Sinnkrise bewertet werden. Die angestimmten Klagelieder ähneln vielmehr jenen, die auch im Westen ein Abteilungsleiter eines großen Konzerns anstimmen würde, wenn er plötzlich feststellen muß, daß seine Arbeitskraft nicht mehr gebraucht wird und er auf der Straße steht.

Entgegen dem ursprünglichen Traum vom Sozialismus, war die DDR ein System, das dem in der Theorie anvisierten emanzipatorischen Prozeß auf allen Ebenen entgegenwirkte. Dieser Sozialismus war lediglich eine Form der umfassenden Kontrolle, der Verwaltung großer Menschenmassen durch eine Oligarchie von vorgeblich Wissenden, die tatsächlich nur Machtpositionen besetzt hielten.

Dennoch haben die Menschen in der DDR die Möglichkeiten der Mitgestaltung – unter Umständen auch durch Verweigerung – nicht ausreichend erkannt. Jetzt fällt ihnen die Mitgestaltung durch aktiven Kampf für die Freiheit schwer, denn ihre Affinität zum Bewahren ist stärker als die zur Freiheit.

Unter Umständen kann gerade auch die Bereitschaft zu verzichten den Weg zur Freiheit eröffnen, denn wer verzichtet, ist ein Stück unverfügbar. Erich Loest hat in einem seiner frühen Romane einen Menschen beschrieben, der deshalb so wenig gesteuert und geleitet werden konnte, weil er keine Karriere machen wollte. Das mag nicht jedermanns Sache sein, aber viele Menschen in der DDR haben es überhaupt nicht mehr für notwendig erachtet zu überprüfen, ob sie sich verweigern oder kooperieren sollen. In der untergegangenen DDR sind zu viele Menschen zu viele ungeprüfte Kompromisse eingegangen.

Daß es im Leben nicht ohne Kompromisse geht, weiß jeder – daß sie verantwortbar sein müssen, wenn sie Lebensräume eröffnen sollen, wußten zu wenige. Lange Jahre wurde zu schnell mitgemacht und geklatscht, manchmal sogar mit einer gewissen Begeisterung; die Umzüge am 1. Mai und am 7. Oktober waren solche Schauerbeispiele. Hier legten die Menschen mitunter eine Begeisterung an den Tag, die aus heutiger Sicht vollkommen unverständlich ist. Schon die Begeisterung zu verweigern, als erster Schritt eines bewußten Protestes, wurde oftmals als zu schwer empfunden. Erst der Zorn über die langjährige Unterwerfung ließ viele Menschen wieder zu den normalen Formen der Wahrnehmung zurückkehren. Wer nicht ideologisch fehlgeleitet war, wer seine normale Fähigkeit zu fühlen, zu hören und zu sehen behalten hatte, mußte diese Gesellschaft als eine zunehmend kranke Gesellschaft erleben.

Wer das allerdings zu sagen wagte, machte sich unbeliebt. Schließlich hielten sich viele SED-Genossen ja zugute, eine historische Etappe weiter als der Westen zu sein, auch wenn sie die inneren Widersprüche der Gesellschaft bemerkten und den Rückstand in Forschung und Technologie nicht mehr übersehen konnten. Doch auf die Protestlieder, Gedichte, Bilder und Gedanken der Unzufriedenen reagierten sie weiter mit der den Kommunisten besonders eigenen Fähigkeit, durch Systembildung und Systemverteidigung alle Probleme der Realität fortzuphilosophieren und zu verdrängen.

Daß in den achtziger Jahren viele jüngere Menschen die Schönung der Wirklichkeit nicht mehr mitvollzogen, kränkte große Teile der angepaßten mittleren Generation, da dies die Unterdrückung ihres eigenen Protestes in den Jahren zuvor als voreilig und übervorsichtig in Frage stellte. Mancher wehrte sich 1989 noch gegen diese Erkenntnisse und wandte sich gefühlsmäßig gegen die «Störenfriede». Andere lernten von den jüngeren Leuten, die Realität für wichtiger zu nehmen als die parteiamtliche Deutung derselben.

Die größeren Informationsmöglichkeiten und die für einige Bürger erweiterte Reisefreiheit als Folge des KSZE-Prozesses sorgten für die Erkenntnis, daß der Osten nicht nur wirtschaftlich, sondern auch politisch der Entwicklung in West- und Nordeuropa hinterherhinkte. Dort gab es ein funktionierendes Modell der Gewaltenteilung im Staatsaufbau, dort gab es eine Presse, die als vierte Gewalt fungierte, dort gab es auch ein neues Verständnis für die Würde von Kindern und Heranwachsenden, das man in der DDR vergeblich suchte. Selbst die Gewerkschaften dieser Länder besaßen trotz aller Kritik sehr viel größere Möglichkeiten der Mitbestimmung als im Osten. Immer mehr «gelernte DDR-Bürger» waren 1989/90 zutiefst von diesen Differenzen überzeugt, und vielleicht werden sie im vereinigten Deutschland einige der im Westen oftmals für selbstverständlich gehaltenen Werte als solche neu erkennbar machen.

Friedrich Schorlemmer, einer der «Väter» der Revolution in der DDR, hat einmal recht drastisch von dem «Dreckloch» gesprochen, das die real-sozialistische Vergangenheit den Bürgern in Ostdeutschland hinterlassen hat. Damit meinte er nicht nur die Zerstörung der Umwelt, sondern auch die psychische Verfassung vieler DDR-Bürger, deren «seelisches Grundwasser» ebenfalls geschädigt ist. Das Ausmaß der Deformierungen reicht weit in die psychische Substanz jedes einzelnen, und es kann Jahre, vielleicht sogar Jahrzehnte dauern, bis die seelischen Schäden behoben sein werden.

Bestimmte Verhaltensmuster, mit denen ein DDR-Bürger den sozialistischen Alltag bewältigte, wirken jedenfalls bis heute nahezu ungebrochen fort – vor allem die Neigung aller autoritätsgläubigen Menschen, ihr Heil ausschließlich von oben zu erwarten. Als die SED und ihr Angstapparat Staatssicherheit ihre Macht verloren hatten, atmeten die Menschen zwar erleichtert auf, aber die Zeit des Umbruchs und der Demokratie bewirkten keineswegs automatisch ein Ende der Angst. Im Gegenteil: die alten angstauslösenden Faktoren wurden durch neue ersetzt – von östlicher wie von westlicher Seite. Beide suchten das vorhandene Angstpotential für ihre Zwecke zu instrumentalisieren. Die SED mit ihrer reichhaltigen Erfahrung in solchen Methoden versuchte nach dem Fall der Mauer, dem Volk zunächst vor der «rechten Gefahr» angst zu machen – ohne Erfolg allerdings. Vielversprechender klangen hingegen die westdeutschen Lockungen mit Westgeld, das endlich Wohlstand für alle bringen werde. Dieses politische Signal war deshalb so wirksam, weil es die uneingestandene Befürchtung ansprach, auch jetzt wieder zu kurz zu kommen. Die Beunruhigung, die durch den Zusammenbruch des planwirtschaftlichen Systems weite Bevölkerungskreise erfaßt hatte, wurde durch das Versprechen gedämpft, die ganze DDR in das marktwirtschaftliche Wirtschaftssystem einzubeziehen. Derartige Signale riefen nun in anderen Bevölkerungskreisen wiederum neue Ängste hervor. Hilflos fragten sie sich: «Was kommt mit der Westmark, was wird aus unseren Ersparnissen, auf welchen Umtauschkurs wird man sich einigen, was wird generell aus unseren Werten?» Hier fand erneut die PDS ein geeignetes Betätigungsfeld. Daß die Lebensversicherungen in der alten DDR 1990 horrende Umsätze erzielten, paßt in dieses Bild.

Die alte Angst kleidete sich im ersten Jahr nach der Wende in immer neue Gewänder; die neuen Figurationen verhinderten allerdings, in der aktuellen Verunsicherung ein grundsätzliches Verhaltensmuster zu erkennen. Die Freiheit mit ihren Möglichkeiten erschien schnell als etwas Selbstverständliches, jedenfalls nicht mehr als etwas, das ein Freudenfest wert war. Immer neue Besorgnisse bestimmten

den Alltag: die Angst vor steigenden Mieten, die Angst, den Arbeitsplatz zu verlieren etc. Aber die realen und sehr ernst zu nehmenden
Probleme wurden nicht konstruktiv analysiert, sondern die dominie-
rende Reaktion war die Klage vom «Ausverkauf der DDR». Ohne
das Ausmaß der gegenwärtigen Wirtschaftsprobleme beschönigen zu
wollen, erscheint mir die Reaktion der Ostdeutschen darauf geradezu
idealtypisch: Wer jahrzehntelang in einer bestimmten Weise auf seine
Angst geantwortet hat, folgt auch jetzt nur seiner inneren Logik,
wenn er – je nachdem, wie er es gelernt hat – mit Widerspruch oder
Klage auf die neuen Angstfaktoren reagiert. Er wiederholt im
Grunde nur das, was er schon kennt.

Die Auswirkungen der Angst auf das Verhalten vieler DDR-Bürger
lähmen auch heute noch die Bereitschaft vieler Menschen, sich mit all
ihren Möglichkeiten den aktuellen Herausforderungen zu stellen. Die
Ursachen der Krankheit mögen beseitigt sein, aber die Krankheit selber wirkt fort. Die Menschen in der DDR reagieren auf das Leben und
seine Möglichkeiten in einer ganz anderen Weise als eine Person, die
in einer demokratischen Gesellschaft aufgewachsen ist. Sie werden
sich noch lange schwer damit tun, sich mit ihren Fähigkeiten und
Interessen durchzusetzen, sich für neue Ziele zu engagieren und die
vorhandenen Möglichkeiten optimal zu nutzen.

Von der SED und ihrem wichtigsten Machtinstrument, der Staatssicherheit, wird man vielleicht schon bald nicht mehr so viel sprechen,
aber das, was beide in den Seelen der Menschen angerichtet haben,
wird noch lange fortwirken.

II. Die Täter

Als Informant des MfS

Die Akte eines Spitzels

Die Stasi führte nicht nur über ihre Opfer akribisch Buch. Auch ihre Informanten wurden genau durchleuchtet und ständig überwacht, so daß sich Täter- und Opferakten oftmals kaum voneinander unterscheiden. Allerdings geht aus jeder einzelnen Akte schon von außen hervor, um welche der beiden Aktentypen es sich handelt. Die Akte eines inoffiziellen Mitarbeiters (IM) gliedert sich in zwei Teile – der erste Teil enthält die Unterlagen und Beurteilungen zur Person, der zweite seine «Arbeitsergebnisse». Die Akten sind zum großen Teil geheftet und durchlaufend numeriert; obenauf liegt ein minutiös geführtes Inhaltsverzeichnis. Dann folgt das Personalblatt mit einem Lichtbild und dem Decknamen sowie eventuellen weiteren Erkennungszeichen – ähnlich wie in einem Personalausweis, so daß klar daraus hervorgeht, um welche Person es sich handelt. Das Personalblatt gibt auch darüber Auskunft, um welche *Kategorie* von inoffiziellem Mitarbeiter es sich handelte, welche Ziele mit ihm verfolgt wurden und wer ihn angeworben hatte.

Bevor eine Person inoffizieller Mitarbeiter des MfS wurde, nahm die Stasi ihn oftmals über lange Zeit ins Fadenkreuz. In einem komplizierten Untersuchungs- und Kontrollverfahren, dem sogenannten «IM-Vorlauf», wurde überprüft, ob sich die Anwerbung für das Ministerium lohnen würde. Erforderlich war dazu ein förmlicher Eröffnungsbeschluß für das Anlegen einer Akte, der sich im ersten Teil der Akte als ausgefüllter Vordruck findet. Dieser gibt Auskunft über den Namen, die Adresse und das Arbeitsfeld des Betroffenen; er legt fest, für welche IM-Kategorie er vorgesehen war und enthält ferner eine Begründung, warum er für die Stasi interessant war. Das gleiche Verfahren galt bei Personen, die als «operativer Vorgang», also als Opfer von der Stasi überwacht werden sollten. Während bei diesen jedoch ihre angeblich subversiven Aktivitäten zur Begründung dienten, hieß es bei einem Spitzel in der Regel, daß die betreffende Person als Jurist oder Arzt oder kirchlicher Mitarbeiter dort und dort tätig wäre und aus dem und dem Grunde für eine Mitarbeit benötigt würde. Manchmal sagten auch andere inoffizielle Mitarbeiter, daß in einem bestimmten Bereich jemand gebraucht würde, oder es gab Problemgebiete in der Kirche, in der Wirtschaft, im Sport oder in der Kultur, über die die Stasi Informationen suchte. Oftmals hieß es dann: «Hier ist ein junger entwicklungsfähiger Kader, der daran interessiert sein könnte, Karriere zu machen – vielleicht kriegen wir den.»

Dem Eröffnungsbeschluß schließen sich normalerweise zahllose Unterlagen der eigentlichen Voruntersuchung an. Zunächst suchte die Stasi Kontaktpersonen aus dem persönlichen und beruflichen Umfeld des Betroffenen. Sie korrespondierte in ausgedehnter Weise mit anderen Stasi-Abteilungen und nahm Verbindung zu IMs auf, die bereits am Wohnort oder am Arbeitsplatz des zu gewinnenden Kandidaten wirksam waren. Darüber hinaus suchte der zuständige Mitarbeiter Kontaktpersonen auf, die in ihrer Funktion – zum Beispiel als Kader oder Betriebsleiter oder als Mitglied der SED – auskunftsfähig und -willig waren. Manchmal schrieb die Stasi diese Personen auch lediglich an und verpflichtete sie unter Verweis auf die Geheimhaltung, dem MfS schriftlich über den Kandidaten Mitteilung zu machen – auch diese Korrespondenz ist in der Akte abgeheftet.

In einer ersten Auswertungsphase fertigte die Stasi Fragebögen und Lebensläufe an und zog eigene Ermittlungen aus den verschiedenen Kreisdienststellen sowie die Beurteilungen der Betriebe und die Berichte anderer IMs zu Rate, um sich zu vergewissern, ob tatsächlich eine Werbung vorgenommen werden sollte. Manchmal kam es in dieser Vorlaufphase auch schon zu einer Kontaktaufnahme, die aber nicht unbedingt zu einer Werbung führen mußte. Unter einem Vorwand trat man mit dem «Vorlauf-IM» in Kontakt, um herauszufinden, wie gesprächsbereit der Betreffende war und ob er sich von der Stasi einsetzen ließe. Der jeweilige Mitarbeiter erkundigte sich zum Beispiel beiläufig nach einem Kollegen des Betreffenden oder über Sachverhalte aus der Arbeitswelt. Gab der Betroffene bereitwillig oder gar geschmeichelt Auskunft und ließ auf diese Weise erkennen, daß er ein interessanter Gesprächspartner war, den man vielleicht noch mehr fragen oder dem man sogar gezielt Aufträge erteilen konnte, wurde die Wahrscheinlichkeit einer Anwerbung immer größer.

Während des Vorlaufes suchte die Stasi zugleich nach Schwachstellen des Kandidaten, die ihr die Anwerbung erleichtern konnten. Dazu gehörten Karrierewünsche, materielle Bedürfnisse und Ansatzpunkte für eine Erpressung, aber auch weltanschauliche Überzeugungen, die als Motiv für eine Mitarbeit dienen konnten. Wenn jemand beispielsweise gerne studieren wollte, vielleicht ein besonderes Fach, wenn jemand gerne Facharzt, Oberarzt, Professor oder Abteilungsleiter werden wollte, dann wurde das aufmerksam registriert und in der Akte vermerkt. Auch wenn jemand auf großem Fuß lebte und auf einen überdurchschnittlichen Lebensstandard Wert legte, wurde die Stasi hellhörig, weil solche Schwächen bestens dazu geeignet waren, Einfluß auf den Kandidaten zu gewinnen und diesen bei der späteren Führung des IM noch zu erweitern.

Der Koordinator all dieser Voruntersuchungen machte zum Schluß einen Vorschlag zur Anwerbung oder zur Archivierung. Letzteres kam zum Beispiel vor, wenn die Vorlaufuntersuchungen gezeigt hatten, daß es sich um einen eher spröden Charakter handelte, um einen sehr mißtrauischen oder um einen antikommunistischen Bürger, der nichts mit der Stasi oder der SED zu tun haben wollte, um einen frommen Christen, der niemals eine Bereitschaftserklärung zur Mitarbeit unterschreiben würde, oder um einen geschwätzigen Menschen, der nicht konspirativ würde arbeiten können. Wenn der zuständige Sachbearbeiter den «Vorlauf-IM» jedoch positiv einschätzte, unterbreitete er seinem Vorgesetzten einen Vorschlag zur Anwerbung. In früheren Jahren, als Technik und Personal noch nicht so ausgereift waren, geschah dies handschriftlich – wie überhaupt viele der Akten handschriftlich verfaßt sind. Stimmte der Vorgesetzte dem Vorschlag zu, konnte der Anwerbungsversuch erfolgen.

In einem solchen Verpflichtungsvorschlag heißt es zum Beispiel: «Der Kandidat wurde uns bekannt durch die aktive Beteiligung an den Veranstaltungen der Studentengemeinde (…) während seines Studiums. Durch die aktive Mitwirkung in (…) wurde er im Vorlauf-Operativ ‹Kutte› erfaßt und operativ bearbeitet. Durch eine Reihe eingeleiteter Maßnahmen wurde sein beruflicher Einsatz im Bereich (…) verhindert. Da auch weitere Bewerbungen im Bezirk fehlschlugen, stand der Kandidat noch im März 1969 ohne eine feste Arbeit in finanziellen Schwierigkeiten. Nach erfolgter Analysierung der vorhandenen Unterlagen im Vorgang und zur Person wurde beschlossen, den Kandidaten unter Ausnutzung seiner

Schwierigkeiten bei der Aufnahme einer Arbeit und der daraus resultierenden gedrückten moralischen Haltung anzusprechen und bei entsprechend positiver Reaktion gegenüber unserem Organ aus dem Vorgang heraus zu werben. (...) Im Verlauf dieses Gespräches wurde der Kandidat zur Zusammenarbeit mit unserem Organ verpflichtet, da eingeschätzt werden konnte, daß die von ihm gemachten Angaben unseren Ermittlungen entsprachen. Beim Kandidaten war der Wille zu spüren, seine in der Vergangenheit gemachten Fehler zu revidieren und an der Sicherung unseres Staates mitzuwirken. Die Erarbeitung des vorliegenden Vorschlages erfolgte nach Klärung des Arbeitsverhältnisses als Grundvoraussetzung für die Zusammenarbeit. Unter Wahrung der Konspiration wurde über den 1. Sekretär der SED-Kreisleitung (...) eine Einstellung im VEB (...) erreicht.»

Die Anwerbung war nach der Richtlinie 1/79 über die Tätigkeit von inoffiziellen Mitarbeitern ein Höhepunkt in der Zusammenarbeit zwischen dem Informanten und dem MfS; gelegentlich nahm sie sogar eine feierliche Form an. In der Akte wird das Anwerbungsgespräch genau beschrieben. In der Regel mußte sich der neu gewonnene IM schriftlich zur Mitarbeit verpflichten und einen Decknamen annehmen – auch wenn er das nicht gerne tat; außerdem wurde er in die Regeln der konspirativen Arbeit eingeweiht. Die schriftliche Verpflichtung, die als wichtiger Bestandteil zu den Akten genommen wurde, konnte aber auch durch einen einfachen Handschlag ersetzt werden, was der Führungsoffizier dann im Treffbericht vermerkte. Der IM hatte sogar die Möglichkeit, einen neuen Decknamen zu wählen. Wenn der Betroffene, um ihn nicht zu verschrecken, keinen Decknamen mitgeteilt bekam, teilte die Stasi ihm dennoch für die MfS-interne Kommunikation einen solchen zu und heftete auch seine Berichte darunter ab. Bei dem Treffen wurde darüber hinaus festgelegt, wie oft und wo der Kontakt zwischen dem Informanten und dem Führungsoffizier stattfinden sollte, ob dazu eine konspirative Wohnung aufgesucht und ein spezielles Losungswort vereinbart werden sollte sowie unter welcher geheimen Telefonnummer die IM Verbindung mit dem MfS aufnehmen könnte.

Natürlich konnte der Kandidat auch die Bereitschaft zur Mitarbeit verweigern – zumeist war das eine Frage des Mutes, der Standfestigkeit und der persönlichen Lebensumstände. Dann mußte ein Abschlußbericht angefertigt werden, in dem es beispielsweise hieß: «Es konnte festgestellt werden, daß der GI* kein Interesse für unsere Zusammenarbeit zeigt. Er begründet es damit, daß er als Christ es nicht mit seinem Gewissen vereinbaren kann, wenn er die Verbindung zum MfS hält. Ferner erlaubt es seine Schweigepflicht als Arzt nicht, dem MfS Mitteilungen über seine Tätigkeit sowie die Feststellungen zu geben. Trotzdem ihm alle Argumente widerlegt wurden, war er für eine weitere Zusammenarbeit nicht zu bewegen.» In manchen Akten finden sich aber auch schriftliche Ablehnungen von Kandidaten. So schrieb ein Betroffener: «Auch nach gründlicher und intensiver Prüfung vor meiner religiösen Überzeugung als Christ muß ich Ihnen bekennen, daß ich eine derartige Handlung nicht mit den Grundsätzen meines Glaubens vereinbaren kann. Ich war nicht in der Lage, ein solches Handeln in meiner Situation vor dem Neuen Testament rechtfertigen zu können. Matthäus 16,26: ‹Was hülfe es dem Menschen, so er die ganze Welt gewönne und nähme doch Schaden an seiner Seele?›»

Nahm der IM jedoch seine Arbeit auf, wurde eine zweite, die Arbeitsakte angelegt, in der sein Klarname in der Regel nicht mehr auftaucht – sogar schriftliche Berichte sind mit Decknamen unterschrieben. Auch diese Akte beginnt mit einem detaillierten Inhaltsverzeichnis und enthält zudem einen Index aller genannten Personen. Bei inoffiziellen Mitarbeitern, die jahrelang für die Stasi gearbeitet hatten, kann sie sehr umfangreich sein, und wenn sie auf 300 Blätter angeschwollen war, legte die Stasi einen neuen Teil an. Im Prinzip ist die zweite Akte ähnlich aufgebaut wie die für den Vorlauf-IM: Neben den schriftlichen Berichten des Informanten enthält sie Zusammenfassungen des Führungsoffiziers über seine mündlichen Berichte, die sogenannten Treff- oder Auswertungsberichte, sowie Schriftstücke, die der IM der Stasi übergeben hatte – Protokolle von Sitzungen oder Arbeitsberatungen, hektographierte Papiere aus Behörden oder Dienststellen, Zeitungsausschnitte oder wissenschaftliche Artikel aus Fachzeitschriften und schließlich auch streng konspirativ gewonnenes Material.

Die Akten geben auch über die Vergütung der Zusammenarbeit mit dem Staatssicherheitsministerium Auskunft. Quittungen belegen, ob und wieviel Geld ein inoffizieller Mitarbeiter für seine Berichte genommen hat oder ob er nur gelegentlich Geschenke erhielt –

---

* Geheimer Informant, ältere Bezeichnung für IM

zum Geburtstag eine Flasche Cognac oder einen Blumenstrauß, zwischendurch eine Flasche Wein oder eine Schachtel Zigaretten, die der Stasi-Offizier bezahlte und später mit seiner Behörde abrechnete. Es gab sogar ein Formblatt für eine genaue Aufstellung der Zuwendungen. Je nach Wert der Information oder je nachdem, wie willig ein Mitarbeiter war, zahlte die Stasi auch Informationshonorare – sie lagen zwischen zehn und mehreren hundert Mark. In den meisten Fällen war Geld jedoch nicht das alleinige oder das ausschlaggebende Motiv – bezahlt wurde ein Informant eher selten.

Wurde ein inoffizieller Mitarbeiter uninteressant, beendete die Stasi von sich aus die Zusammenarbeit. In einem entsprechenden Abschlußformular machte sie die Gründe für die Einstellung des IM-Vorganges aktenkundig. Dort heißt es dann zum Beispiel lapidar: «Der IM ist aufgrund seiner Tätigkeit nicht in der Lage, zu fachspezifischen Problemen zu berichten. Er verfügt über keine operative Basis. Er weicht Personenbelastungen aus. Aus Gründen der persönlichen Weiterentwicklung nimmt er nicht mehr an Veranstaltungen der katholischen Kirche teil.»

In einem derartigen Fall lautete die abschließende Verfügung: «Der Vorgang ist zu archivieren»; auf der IM-Karteikarte wurde die Archivierung vermerkt. Fortan befand sich die Akte nicht mehr in der zuständigen Fachabteilung, sondern «ruhte» in der Abteilung XII, dem Archiv und Aufbewahrungsort aller abgeschlossenen Akten.

Staat im Staate

Der perfekte Überwachungsapparat

In einem Gespräch mit Simon Wiesenthal haben wir einmal die Zahl der Mitarbeiter von Stasi und Gestapo verglichen – die Gestapo hatte deutlich weniger und war dennoch für das damalige Großdeutsche Reich mit seinen knapp 70 Millionen Einwohnern zuständig. In der DDR lebten nur 16 Millionen Menschen, von ihnen waren zuletzt rund 100000 hauptamtliche Mitarbeiter des Ministeriums für Staatssicherheit und bezogen von diesem regelmäßig Gehalt. Die gigantischen Dimensionen dieses Überwachungsapparates lassen sich auch an meinem Heimatbezirk Rostock illustrieren – auf knapp 900000 Einwohner kamen weit über 3000 Hauptamtliche, die in der Bezirksverwaltung des Staatssicherheitsdienstes in Rostock arbeiteten.

Das Wachstum der Stasi stand in einem merkwürdigen Gegensatz zu dem in der Öffentlichkeit erzeugten Eindruck, daß sich das politische System der DDR in den letzten Jahrzehnten kontinuierlich stabilisiert hätte. Während die Führung unter Honecker ihr Staatswesen im östlichen Lager gerne als eine Art Musterland präsentierte und mit dem Grundlagenvertrag auch die Bundesrepublik offiziell die DDR anerkannte, verdoppelte sich zwischen 1972 und 1989 die Zahl der Stasi-Mitarbeiter. Jahr für Jahr wuchs das MfS bis Anfang der achtziger Jahre um rund 3000 Mitarbeiter, dann waren die finanziellen Ressourcen und das Arbeitskräftepotential offensichtlich erschöpft. In Zahlen ausgedrückt: 52700 Mitarbeiter im Jahre 1973, 59500 im Jahre 1975, 75000 im Jahre 1980 und 81500 im Jahre 1981 – im nachhinein demonstriert die Entwicklung des Personalbestandes für jeden sichtbar, wie die «Erzeugung» von Sicherheit in der DDR immer wichtiger wurde.

Tatsächlich gab es keinen Bereich des gesellschaftlichen Lebens, in den die Stasi nicht eingedrungen war. Erich Mielke, seit 1957 Minister für Staatssicherheit, wollte die Gesellschaft flächendeckend überwachen und kontrollieren. Für ihn wäre es ein Alptraum gewesen, über irgendeinen Bereich nicht genauestens informiert zu sein. Deshalb waren gerade die Felder, die dem Zugriff des MfS fernstanden – die Kirchen, die Literatur, die Jugend oder die kritischen Gruppen –, besondere Zielpunkte des Ministeriums. Demgegenüber band die Arbeit der Spionageabteilung im Ministerium nur einen deutlich geringeren Teil des Personals. Für die nach innen gerichtete Tätigkeit der Stasi stand in jeder Bezirkshauptstadt eine Verwaltungsstelle zur Verfügung, die mit ihren Gebäudekomplexen zum Teil einen ganzen Stadtteil dominierte, aber auch in jeder Kreisstadt war die Stasi mit einer eigenen Dienststelle vertreten.

Neben der Territorialstruktur – die Kreisdienststellen waren für die Überwachung des gesamten Kreises verantwortlich und beschäftigten allein rund 10 000 Mitarbeiter – gliederte sich das MfS noch einmal in eine Vielzahl von «Linien», die jeweils für bestimmte Aufgaben zuständig waren. Die Hauptabteilung I war beispielsweise für die Sicherung der Nationalen Volksarmee und der Grenztruppen zuständig, die Hauptverwaltung Aufklärung (HVA) für Auslandsspionage, die Hauptabteilung III für die Überwachung des Funk- und Telefonverkehrs, insbesondere zwischen der alten Bundesrepublik und West-Berlin. Die Hauptabteilung VIII beschäftigte sich mit der Observierung von sogenannten Zielpersonen, die Abteilung M überwachte mit ihren 2171 Mitarbeitern den Postverkehr, die Abteilung 26 kontrollierte die Telefongespräche innerhalb der DDR und war für das Abhören sowie für fotografische Überwachung zuständig. Die Bekämpfung der inneren Opposition und anderer «feindlich-negativer» Personen war Aufgabe der Hauptabteilung XX, die sich noch einmal in zahlreiche Referate wie das speziell für die Kirchen zuständige Referat XX/4 untergliederte. Und damit habe ich erst einen Bruchteil der zahlreichen Stasi-Abteilungen genannt.

Der durchschnittliche Monatsverdienst eines hauptamtlichen Stasi-Mitarbeiters betrug 1900 Mark – verglichen mit dem Durchschnittsverdienst der übrigen Bevölkerung, war dies ein relativ hohes Einkommen. Ein Oberstleutnant verdiente 2800 Mark und ein Generalmajor sogar 4312 Mark. Ein Generalleutnant bekam, je nach Dienststellung, mehr als 4500 Mark, ein Generaloberst sogar knapp 6000 Mark. Darüber hinaus war mit einer Stasi-Tätigkeit auch eine Reihe indirekter Vorteile verbunden. So bekamen die Mitarbeiter des MfS meist sehr viel schneller eine Wohnung, ein Telefon, ein Auto oder ein Wochenendgrundstück. Familienangehörige wurden wohlwollend gefördert, so daß beispielsweise speziellen Studienwünschen eher entsprochen wurde als bei anderen Mitgliedern der Gesellschaft. Die oberen Dienstränge hatten zudem die Möglichkeit, in speziellen Läden einzukaufen oder den Dienstwagen und gegebenenfalls den Chauffeur auch für private Zwecke zu nutzen.

Für eine Tätigkeit beim MfS konnte man sich nicht bewerben, sondern wurde prinzipiell angesprochen und geworben. Ähnlich wie bei den Inoffiziellen Mitarbeitern, den Spitzeln, wurde ein Kandidat zunächst eine längere Zeit beobachtet und auf seine Tauglichkeit überprüft. Das konnte sich unter Umständen über zwei oder drei Jahre hinziehen. Auch nach der Werbung unterlagen die hauptamtlichen Mitarbeiter einer intensiven Kontrolle und «Betreuung». So konnte ein MfS-Angehöriger beispielsweise nicht frei darüber entscheiden, wen er heiratete, und sogar der Freundeskreis und der berufliche Werdegang der Kinder wurden von der Stasi aufmerksam beobachtet. Auch jede Art von Abwesenheit wie der Besuch auf einer Geburtstagsfeier oder ein Ausflug am Wochenende mußten vorab gemeldet werden.

Zuständig für diese «Fürsorge» waren der unmittelbare Vorgesetzte und die Abteilung Kader und Schulung. Das Ministerium mit seinen strengen Befehlsstrukturen unterschied sich von anderen militärischen Organen nur dadurch, daß strikt nach den Regeln der Konspiration gearbeitet werden mußte. Die Folge war, daß die meisten Mitarbeiter der Stasi kaum Kontakte zur normalen Bevölkerung hatten und überwiegend unter ihresgleichen verkehrten – sie führten eine Art Getto-Existenz. Unter diesen Umständen war es für die Mitarbeiter auch kaum möglich, aus inneren Beweggründen wieder auszusteigen und zu kündigen, obwohl sie formaljuristisch weder Sklaven noch Leibeigene waren. Weil ihr Spezialwissen äußerst gefährlich werden konnte, sollte sich möglichst niemand auf eigenen Wunsch und ohne Zustimmung der Leitungsorgane aus dem Apparat wieder herauswinden. Das MfS zu verlassen, war deshalb in der Regel nur durch Pensionierung möglich oder durch einen Einsatz als «Offizier im besonderen Einsatz» (OibE), das heißt durch einen sorgfältig getarnten Wechsel in das zivile Leben.

Die hauptamtlichen Mitarbeiter des MfS bildeten jedoch nur einen Teil des Überwachungsapparates. Ihre Zahl wurde noch übertroffen von den inoffiziellen Mitarbeitern (IM), die den Führungsoffizieren der Stasi regelmäßig Bericht erstatteten und damit die maßgebliche Stütze der konspirativen Arbeit bildeten. Nach Aussagen ehemaliger MfS-Angehöriger sollen 1989 insgesamt 109 000 solcher Informanten tätig gewesen sein, doch aller Wahrscheinlichkeit nach liegt ihre Zahl sehr viel höher, schon deshalb, weil Jahr für Jahr rund zehn Prozent der IMs ausgewechselt und «archiviert» wurden. Im dünn besiedelten Bezirk Neubrandenburg betrug die Zahl der inoffiziellen Mitarbeiter zuletzt rund 5000, statistisch kam damit auf 1000 Menschen jeweils ein Spitzel. Noch absurder wird das Zahlenverhältnis, wenn man sich vergegenwärtigt, daß im selben Bezirk «nur» 288 Bürger als subversiv eingestuft wurden. Aus anderen Bezirken wurden ähnliche Zahlen bekannt, und im Rahmen des sozialistischen Wettbewerbes und der Planwirtschaft mühten sich die Bezirksverwaltungen darum, ihren Mitarbeiterbestand ständig zu vergrößern. So rühmte sich die Bezirksverwaltung Potsdam, allein in den ersten sieben Wochen des Jahres 1989 fast 180 neue Mitarbeiter geworben zu haben, bis Oktober waren es schon 770. Noch am 2. November – Honecker war bereits abgesetzt worden – plante sie die Werbung von weiteren 152 inoffiziellen Mitarbeitern bis zum Jahresende.

Die inoffiziellen Mitarbeiter waren in verschiedene Kategorien unterteilt. Die Hauptgruppe bildeten die «Inoffiziellen Mitarbeiter Sicherheit» (IMS). Sie sollten der Stasi flächendeckend Aufschluß darüber geben, wer wann was aus welchem Grunde machte. Sie hatten Personeneinschätzungen vorzunehmen, schriftlich oder mündlich Bericht zu erstatten und Verstöße gegen Ordnung, Disziplin oder Sicherheit im Arbeits- und Lebensbereich der Menschen aufzuhellen. Eine zweite Gruppe stellten die «Inoffiziellen Mitarbeiter für besonderen Einsatz» (IME) dar. Sie waren etwas höher eingestuft und mit komplizierteren Aufgaben betraut. Beispielsweise mußten sie andere operativ tätige Mitarbeiter der Stasi abdecken oder einschleusen und waren in der Lage, Personen, an denen das MfS wegen ihrer ideologischen Treue besonderes Interesse hatte, in bestimmte Positionen zu lancieren. Sie wurden auch zu Einschätzungen und Gutachten über bestimmte Problembereiche, etwa in der Wirtschaft, herangezogen und waren oftmals gezielt als Ermittler und Beobachter in schwierigen Zusammenhängen tätig.

Eine besondere Art von Spitzeltätigkeit leisteten die «Inoffiziellen Mitarbeiter Bearbeitung» (IMB). Diese Personen hatten, wie es bei der Stasi hieß, «konkrete Feindberührung», das heißt, sie besaßen oftmals das Vertrauen desjenigen, den das MfS gerade bespitzeln ließ. Ein IMB kam insbesondere im Bereich der sogenannten «politischen Untergrundtätigkeit» (PUT) oder der «politisch-ideologischen Diversion» (PID) zum Einsatz, also unter Kirchenleuten, unangepaßten Jugendlichen, Künstlern, kritischen Intellektuellen oder Personen aus dem Westen. Er sollte mithelfen, jede Art von «subversiver Tätigkeit» frühzeitig aufzudecken, und mußte deshalb, wie es hieß, «direkt» an der als feindlich eingestuften Person oder Gruppe arbeiten.

Eine vierte Kategorie bildeten die «Führungs-Inoffiziellen Mitarbeiter» (FIM), die bereits Erfahrungen in der Arbeit als IM gesammelt hatten und nun selber andere Informanten anleiteten. Dabei durften sie die ihnen unterstellten IMs beauftragen, zu konspirativen Treffs zu kommen, über die sie anschließend eigene Treffberichte verfaßten. Ein solcher FIM, der eigenständig kleine Netze von IMs führte, konnte beispielsweise in einem Interhotel eingesetzt werden, das rund um die Uhr von der Stasi überwacht wurde. Er koordinierte dann die Tätigkeit der übrigen in diesem von Ausländern frequentierten Hotel eingesetzten IMs, was vor Ort leichter war als aus der zuständigen Stasi-Dienststelle heraus.

Eine fünfte Kategorie waren die «Inoffiziellen Mitarbeiter zur Sicherung der Konspiration» (IMK), die die Aufgabe hatten, den konspirativen Charakter der Stasi-Überwachung zu sichern. Sie konnten beispielsweise ihre Wohnung als konspirativen Treffpunkt oder ihren Telefonanschluß für eine heimliche Kontaktaufnahme zur Verfügung stellen. Aus diesem Grund verfügten die IMK über eine «konspirative Wohnung» (KW), ein Decktelefon (DT) oder eine Deckadresse (DA), manchmal waren sie auch nur Verwalter eines «konspirativen Objektes», eines Sportheims oder eines FDGB-Erholungsobjektes – die Perversion der Überwachung schlug sich auch in einer Pervertierung der Sprache nieder.

Zur Kategorie der IMs gehörten auch die «Hauptamtlichen Inoffiziellen Mitarbeiter» (HIM), die ihre Dienstzeit im MfS nicht in den Räumen der Überwachungsbehörde absolvierten, sondern praktisch wie ein «normaler» IM lebten. Sie standen jedoch in keinem «zivilen» Arbeitsverhältnis, sondern waren mit der Führung von anderen Informanten beauftragt, was innerhalb des Ministeriums nicht unumstritten war, weil sich eine solche Arbeit kaum kontrollieren ließ. Auch die Arbeitsergebnisse waren schwer zu verifizieren, so daß Offiziere und Mitarbeiter des MfS dieser Struktur offenkundig mißtrauten und die Führung des Ministeriums die Bedeutung der HIMs zurückdrängte.

Eine spezielle Gruppe, deren Arbeit wie die der IMs durch die Richtlinie Nr. 1/79 detailliert geregelt wurde, bildeten die «Gesellschaftlichen Mitarbeiter Sicherheit» (GMS). Sie waren Vertrauenspersonen des MfS, die aufgrund ihrer beruflichen Position oder ihrer staatstreuen Haltung der Staatssicherheit für Auskünfte, Berichte und Mitarbeit zur Verfügung standen, ohne direkt konspirativ zu arbeiten. Ein typischer GMS war beispielsweise ein Kaderleiter – also der Personalchef – eines größeren Betriebes. Dieser war aufgrund seiner berufsbedingten Detailkenntnisse nicht nur eine wichtige Informationsquelle, sondern konnte zusammen mit dem Betriebsdirektor – häufig ebenfalls ein GMS – auch von der Stasi vorgegebene Personalentscheidungen treffen. Als GMS konnte auch der Inhaber eines Universitätslehrstuhls tätig sein, der seine Funktion der Partei verdankte und sich deshalb hinlänglich verpflichtet fühlte, dem Staat durch kostenlose Auskünfte an das MfS zu dienen.

Ein typischer Fall von Zusammenarbeit zwischen einem GMS und der Stasi ergab sich beispielsweise, wenn der Ingenieur einer interessanten Fachabteilung eines Betriebes als IM geworben werden sollte. Während der Beobachtungsphase, dem sogenannten IM-Vorlauf, suchte die Staatssicherheit nach GMS, die über die Zielperson befragt werden konnten. Der Kaderleiter oder der Betriebsdirektor wurden dann offiziell um Auskunft gebeten, was entweder schriftlich geschah oder durch eine Mitteilung des im Betrieb arbeitenden Sicherheitsbeauftragten des MfS oder durch einen persönlichen Besuch eines Stasi-Mitarbeiters. Der Bericht der GMS ging dann in die IM-Vorlaufakte ein. Diese Art von Zusammenarbeit mit dem MfS war in der DDR so selbstverständlich geworden, daß die Überwachungstätigkeit der GMS in der öffentlichen Diskussion bislang so gut wie keine Rolle spielte.

Über die Gesamtzahl der GMS in der DDR liegen bislang keine verläßlichen Informationen vor, doch dürfte es sich hier um eine außerordentlich große Gruppe gehandelt haben. Die Einbeziehung dieser politisch zuverlässigen Kräfte in das System der Staatssicherheit geht auf das Jahr 1968 zurück, als unter dem Eindruck der Ereignisse in der Tschechoslowakei beschlossen wurde, auch den Staats- und Parteiapparat stärker zu überwachen. Zur gleichen Zeit entstand noch eine weitere Kategorie von Stasi-Mitarbeitern, die «Offiziere im besonderen Einsatz» (OibE), die Ausdruck eines geradezu neurotischen Mißtrauens waren. Dieses ließ es erforderlich erscheinen, auch in die Schlüsselpositionen des Staates getarnte Stasi-Leute zu bringen.

Bei den OibEs handelte es sich um hochqualifizierte Stasi-Mitarbeiter mit langer Diensterfahrung, die in die Führungspositionen der Ministerien, der Wirtschaft und der Kultur eingeschleust wurden. Häufiger Einsatzort waren auch die Abteilungen Inneres in den Kreisen und Bezirken, die unter anderem für die Kirchen, die Ausreiseantragssteller und allgemein für Sicherheit zuständig waren; auch das Post- und Fernmeldewesen, die Universitäten, das Fernsehen oder der Rundfunk wurden von OibEs kontrolliert. Darüber hinaus war in allen Kreisdienststellen und Bezirksdienststellen der Volkspolizei die Abteilung K 1, die für politische Kriminalität zuständig war, mit OibEs durchsetzt; oftmals kamen der Leiter, sein Stellvertreter oder gleich mehrere Mitarbeiter aus dem MfS oder wurden als OibE übernommen. Im zweiten Fall blieben sie Polizeioffiziere, wurden aber zusätzlich als Offiziere im besonderen Einsatz verpflichtet, woran sich die Betroffenen heute jedoch oftmals nur noch unzureichend erinnern können oder wollen.

Für ihre Kollegen waren die OibEs als Stasi-Offiziere nicht zu erkennen, da sie auch ihr Gehalt vom jeweiligen Arbeitgeber und nicht vom MfS bezogen – nur wenn ihr «ziviler» Verdienst niedriger lag, als es ihrem militärischen Dienstrang entsprach, stockte die Stasi ihr Gehalt heimlich auf. Aufgabe der OibEs war nicht die Observierung Andersdenkender, sie sollten vielmehr die in ihrem Arbeitsbereich gewonnenen Erkenntnisse der Stasi übermitteln, die Stimmung der Bevölkerung an ihrem Einsatzort einschätzen und, besonders in sicherheitsrelevanten Fragen, Einfluß nehmen auf die Entscheidungen. Sie hatten eine Fachausbildung absolviert, und das MfS konnte sich auf sie in jeder Beziehung verlassen. Aufschlußreich ist, daß die Ordnung über den Einsatz der «Offiziere im besonderen Einsatz» immer dann präzisiert wurde, wenn das System um seine Stabilität fürchten mußte: 1971, als Erich Honecker neuer SED-Generalsekretär wurde, 1972, als der Grundlagenvertrag mit der Bundesrepublik unterzeichnet wurde, und 1976, als Erich Honecker neuer Staatsratsvorsitzender wurde.

Die OibEs hatten zwar Schlüsselpositionen inne, doch so gut wie niemals direkte Leitungsfunktionen. Sie bekleideten in der Regel die Position eines Stellvertreters. Ihre Aufgabe bestand beispielsweise darin, in einem Betrieb den Direktor und seine oftmals geschönten Berichte zu kontrollieren, indem sie für das MfS einen zweiten – ungeschönten – Bericht verfaßten. Dieser wurde dann von der «Zentralen Auswertungs- und Informationsgruppe» (ZAIG) der Staatssicherheit ausgewertet und mündete mit anderen Berichten dieser Art schließlich in eine Zusammenfassung an das Politbüro, in der die Probleme und eventuelle Lösungsmöglichkeiten ziemlich ungeschminkt beschrieben wurden und die von den Mitgliedern der Führung namentlich abgezeichnet werden mußte. Damit sich niemand von ihnen brüskiert fühlen konnte, sorgte jedoch eine spezielle Verfügung Erich Mielkes dafür, daß Berichte, die einzelne Politbüromitglieder kompromittieren konnten, nicht weitergeleitet wurden.

Aufschluß über die Zahl der OibEs geben bislang nur die Gehaltslisten der Stasi. Im Sommer 1990 hatten wir so von rund 3000 OibEs Kenntnis. Da die Listen jedoch nur solche Offiziere erfassen, deren Gehalt von der Stasi aufgestockt wurde, dürfte die Dunkelziffer darüber liegen. Unklar ist auch die Zahl der sogenannten «Unbekannten Mitarbeiter» (UM), die unter dem Eindruck der Entwicklungen in der Sowjetunion im April 1986 nach einer weiteren Präzisierung der OibEs-Ordnung geschaffen wurden. Ein solcher UM bekam eine völlig neue Identität und wurde auch gegenüber den anderen Mitarbeitern des MfS getarnt, er war Geheimer unter Geheimen. Er durfte niemals ein Gebäude der Staatssicherheit betreten und hatte vor allem die Aufgabe, solche Stasi-Mitarbeiter zu kontrollieren, die in der Spionage-Abwehr tätig waren, die gegnerische Agenten observierten oder im Auftrag des MfS mit diesen Kontakt hielten – die Überwachung der Überwacher.

Mit ihrem fein verästelten, flächendeckenden Apparat bildete die Staatssicherheit der DDR im wahrsten Sinne des Wortes einen Staat im Staate, oder genauer: sie durchsetzte das Land in einem solchen Maße, daß sich die Grenzen zwischen Staat und Staatssicherheit, zwischen Gesellschaft und Stasi immer mehr verwischten.

Schwert und Schild der Partei

Die Verantwortung der SED

Wer immer in den Monaten nach der revolutionären Umwälzung in der DDR die Frage aufwarf, wer die Verantwortung für das aberwitzige Überwachungs- und Unterdrückungssystem der Stasi trägt, mußte eine merkwürdige Erfahrung machen: Die Beteiligten erklärten übereinstimmend, entweder vom Ausmaß der Bespitzelung und Verfolgung Andersdenkender nichts gewußt oder aber nur auf Anweisung übergeordneter Personen gehandelt zu haben. Niemand fand sich bereit, die Verantwortung für das Unfaßliche zu übernehmen – eine Reaktion, die einem bekannt vorkommt aus der Geschichte Deutschlands in diesem Jahrhundert.

Der erste, der sich in diesem Sinne zu Wort meldete, war Egon Krenz, langjähriger Sekretär des Zentralkomitees und in dieser Funktion ganz offiziell für eben jene Sicherheitspolitik zuständig, um die es hier geht. Die Maßnahmen des Staatssicherheitsdienstes, schrieb er in seinem Buch, seien nicht von ihm angeordnet worden, sondern von Erich Honecker und Erich Mielke, die sich in der Regel nach jeder Politbürositzung zurückgezogen hätten, um anstehende Sicherheitsfragen unter vier Augen zu klären. Dieselbe Version lieferte auch Günter Schabowski, Politbüromitglied und SED-Bezirkschef in Berlin. Dieser war wie alle anderen Bezirkschefs Vorsitzender der sogenannten Bezirkseinsatzleitung, in der regelmäßig die Sicherheitsprobleme des Bezirks erörtert wurden. Später sekundierte auch noch der frühere Abteilungsleiter für Sicherheitsfragen im Zentralkomitee, Wolfgang Herger, seinem Förderer Egon Krenz und erklärte, der ZK-Apparat habe auf das Ministerium für Staatssicherheit praktisch keinen Einfluß gehabt, denn alle operativen Fragen seien von diesem selbst entschieden worden. Die «politische Generallinie» hätte keinesfalls darin bestanden, daß Andersdenkende niedergehalten oder kriminalisiert werden sollten.

Gemeinsam ist all diesen Äußerungen, daß sie die Verantwortung für die Machenschaften der Stasi den greisen Politbüromitgliedern Erich Honecker und Erich Mielke zuschieben, die ohnehin von der Öffentlichkeit und einem großen Teil der alten SED-Mitglieder zu den eigentlich Schuldigen an der DDR-Misere erklärt wurden. Doch auch diese beiden waren, wie könnte es anders sein, sich keiner Schuld bewußt. Honecker, als Generalsekretär der SED und Vorsitzender des Nationalen Verteidigungsrates mächtigster Mann der DDR, wollte nicht einmal gewußt haben, wie viele Mitarbeiter das Ministerium für Staatssicherheit beschäftigte. Und von den vorbereiteten Internierungslagern für Andersdenkende hörte er nach seiner Entmachtung angeblich zum erstenmal.

Selbst die Mehrzahl der Stasi-Offiziere wies nach der Wende alle Schuldvorwürfe erbittert zurück. Sie bezeichneten sich oftmals selber als Opfer und suchten in der Behauptung Entlastung, sie hätten doch nur ihre Befehle ausgeführt. Wenn nun die für diese Befehle Verantwortlichen – Egon Krenz als zuständiger ZK-Sekretär, Erich Mielke als zuständiger Minister und Erich Honecker als Staats- und Parteichef – von dem gigantischen Überwachungssystem der Stasi auch nichts gewußt haben, trägt offenkundig niemand die Verantwortung.

Für die einstigen Opfer des Staatssicherheitsdienstes müssen solche Äußerungen wie bitterer Hohn klingen. Sie haben ein Recht darauf zu erfahren, wer schuld an ihrer Verfolgung war, ganz zu schweigen von ihrem Anspruch auf Sühne und Wiedergutmachung. Die Verantwortung nur einer Handvoll Funktionäre zuzuschreiben, ist bequem, aber irreführend, denn die DDR war keine absolute Monarchie, sondern ein Staat mit klaren und zumeist auch gesetzlich festgeschriebenen Weisungsstrukturen. Es ist abwegig, plötzlich so zu tun, als wäre die DDR ein Herrschaftssystem gewesen, in dem eine Einzelperson allein über alle Untertanen regierte.

Natürlich ist es denkbar, daß sich unterhalb der Strukturen eines totalitären Parteistaates auch Formen einer absoluten Herrschaft herausgebildet hatten, die dazu führten, daß Erich Honecker und Erich Mielke wie absolute Feudalherren mit großer persönlicher Macht agieren konnten. Doch bislang gibt es dafür keinerlei Beweise. Alles deutet vielmehr darauf hin, daß die Entscheidungen tatsächlich in den dafür zuständigen Gremien und Instanzen getroffen wurden. So gibt es überhaupt keinen Grund, das Politbüro aus seiner Verantwortung zu entlassen, denn es war die zentrale Entscheidungsinstanz in der

DDR, von der fast alle wichtigen Maßnahmen abgesegnet werden mußten. Zwar war die Kompetenz dort sicherlich abgestuft, und es gab auch wechselseitige Abhängigkeiten, aber das politische System der DDR auf ein Honecker-Mielke-Problem zu reduzieren, ist vollkommen irreführend. Auch die in der Praxis relativ bedeutungslose Regierung und das noch bedeutungslosere Parlament werden ihre Verantwortung im Rahmen der staatsrechtlichen Festlegungen nicht los durch den Hinweis auf die Vorgaben aus dem Politbüro, denn diese wurden von beiden Gremien ausdrücklich bestätigt.

Auch dann, wenn eine Person keine unmittelbaren Anweisungen zur Verfolgung oder Überwachung von Andersdenkenden erteilte, aber in den dafür zuständigen Institutionen den gesetzlichen oder behördlichen Rahmen, daß es dazu kommen konnte, entwickelt oder mitgetragen hat, ist sie natürlich zur Rechenschaft zu ziehen. Unabhängig von der bislang nicht zufriedenstellend geklärten Frage, ob im Politbüro, im Zentralkomitee oder im Ministerium für Staatssicherheit selber die Konzeptionen und Pläne der Stasi entwickelt wurden, tragen diejenigen, die diese Pläne bestätigt und ihnen die notwendige Absegnung verliehen haben, die Verantwortung dafür. Das gilt für diejenigen, die dem Nationalen Verteidigungsrat angehörten und dort den Schießbefehl an die Angehörigen der Grenztruppen beschlossen, ebenso wie für die Mitglieder des Politbüros, die an der Entscheidungsfindung möglicherweise stumm, aber zustimmend teilgenommen haben.

Deutlich muß gemacht werden, daß für die politische Verfolgung in der DDR nicht allein einige Obristen und Generale der Staatssicherheit verantwortlich zeichneten. Vielmehr war der eigentliche Befehlsgeber der Stasi die SED-Führung, die ihre Kontrolle nicht nur über die entsprechende ZK-Abteilung ausübte, sondern auch über die Parteistruktur innerhalb des Ministeriums. Selbst wenn es das einzelne Parteimitglied unter Umständen anders empfand und SED-Funktionäre auf Kreis- oder Bezirksebene oftmals das Gefühl hatten, die Stasi sei mächtiger als die Partei, trifft dieser Eindruck nicht den tatsächlichen Sachverhalt. Die SED war das Leitungsorgan des Ministeriums und nicht umgekehrt, sein ganzes Selbstverständnis beruhte auf der Formel, «Schwert und Schild der Partei» zu sein.

Die Mitarbeiter des Ministeriums für Staatssicherheit waren sämtlich Mitglied der SED und als solche in den Parteigruppen des MfS organisiert. In jeder der 39 Diensteinheiten spielte die Parteiarbeit in

Form von Versammlungen, Parteiaufträgen und Selbstverpflichtungen eine wichtige Rolle, vor allem was die jeweils gültige ideologische Grundausrichtung anbetrifft. Dirigiert wurde diese Arbeit von einer eigenen Kreisleitung der SED im MfS, deren Chef zugleich Mitglied des Kollegiums, des obersten Entscheidungsgremiums des Ministeriums, war. Selbstverständlich mußte jede Änderung der Parteilinie von den Stasi-Verantwortlichen sofort nachvollzogen werden, was sich dann in den Direktiven des MfS konkret niederschlug. Und für jeden einzelnen Mitarbeiter des MfS galt als Grundprinzip seiner Arbeit und seines Selbstverständnisses, die von der Partei vorgegebenen Ziele und Aufgaben wie einen militärischen Befehl zu erfüllen. Weil er konspirativ arbeitete, war er dazu sogar in besonderer Weise verpflichtet, denn ihm standen Mittel und Methoden zur Verfügung, die für die Sicherung und Ausübung der Macht von besonderer Bedeutung waren.

Die absolute Unterordnung der Staatssicherheit unter die Partei und deren Führung geht aus unzähligen offiziellen MfS-Dokumenten und Äußerungen von Erich Mielke hervor – niemand wäre jemals auf die Idee gekommen, diese in Zweifel zu ziehen. Noch im September 1989 erklärte beispielsweise der stellvertretende Staatssicherheitsminister Generalleutnant Schwanitz vor leitenden Kadern: «Die Durchsetzung der Beschlüsse der Partei ist nicht Sache des persönlichen Ermessens, sondern Parteipflicht entsprechend unserem Statut.» Und in einem internen Studienpapier der Juristischen Hochschule in Potsdam – die zentrale Ausbildungsstätte der Staatssicherheit – wurde den zukünftigen Stasi-Mitarbeitern ausdrücklich beigebracht: «Das Ministerium für Staatssicherheit entstand als ausführendes Organ der Diktatur des Proletariats. Als solches organisierte es seine Tätigkeit unter Führung der SED auf der Grundlage der Beschlüsse der SED sowie im Rahmen der Gesetze der Volkskammer und Beschlüsse der Regierung der DDR.»

Die Frage, wer wen kontrollierte und dirigierte, stellte sich schon deshalb nicht, weil Staatsapparat, Parteiapparat und Sicherheitsapparat eine eng miteinander verschmolzene Einheit bildeten. Bei einzelnen Entscheidungen, die im Kompetenzbereich der Staatssicherheit lagen, mußte die Partei nicht erst eigens gefragt werden, denn sie war ja selber in der Struktur des MfS präsent. Umgekehrt wäre es einem SED-Funktionär nie eingefallen, eine Maßnahme des Staatssicherheitsdienstes zu hinterfragen oder zu kritisieren, es sei denn die Führung hätte unmittelbar befürchten müssen, daß diese unter Umständen in der (westlichen) Öffentlichkeit unerwünschte Reaktionen zur Folge gehabt hätte. Diese Verquickung spiegelte sich auch in der verschwommenen, pseudojuristisch fixierten Rechtslage wider, denn außer dem bewußt unkonkreten Gesetz über die Gründung des Ministeriums für Staatssicherheit im Jahre 1950 gab es keine rechtliche Grundlage für dessen Arbeit – letztere wurde allein über Hunderte von internen Dienstanweisungen und Befehlen organisiert und reguliert.

Wenn in der DDR auf allen Ebenen – in den Kreisen, in den Bezirken, in der Regierung oder im Nationalen Verteidigungsrat – immer wieder die führende Rolle der Partei beschworen wurde, so war dies keineswegs nur eine politische Floskel, sondern spiegelte vielmehr das grundlegende Selbstverständnis wider, das diesem Staat zugrunde lag. Die Staatsdoktrin von der absoluten Herrschaft der Partei bestimmte selbstverständlich auch und gerade die Organisationsstruktur des Staatssicherheitsapparates, der die politische Macht der SED zu sichern und wie alle anderen Institutionen der Partei zu dienen hatte.

Das Zusammenspiel zwischen SED und Stasi wird sich aber erst dann genau analysieren lassen, wenn alle diesbezüglichen Unterlagen und Akten der politischen und historischen Aufarbeitung zugänglich gemacht worden sind. Es ist ein unhaltbarer Zustand, daß sich die in diesem Zusammenhang besonders aufschlußreichen Akten der SED – Politbürobeschlüsse, ZK-Anweisungen, Schriftverkehr, Kaderakten etc. – im Besitz ihrer Nachfolgepartei PDS befinden und damit einer öffentlichen Kontrolle entzogen werden können. De facto handelt es sich bei den Materialien, die sich gegenwärtig im Archiv der SED-Nachfolgepartei PDS befinden, im wesentlichen um Staatsakten, die dementsprechend unter staatliche Aufsicht zu stellen sind. Da davon auszugehen ist, daß viele ehemalige SED-Mitglieder ein großes Interesse an der Verwischung der Spuren ihres Handelns haben, müssen diese Akten dringend in andere Hände gelangen.

Die Bundesbehörde zur Verwaltung der Akten des ehemaligen Ministeriums für Staatssicherheit verfügt demgegenüber nur über Material, das in Archiven oder Dienstgebäuden des MfS gelagert war. Damit hat sie weder Zugang zu den Akten der SED noch zu denen des Staatsapparates, der Blockparteien und der Massenorganisationen wie dem Gewerkschaftsbund und der FDJ, obwohl diese für eine umfassende historische Aufarbeitung unverzichtbar sind. Wir bedauern insbesondere, daß die Akten des Politbüros und des ZK-Sekretariats für Sicherheitsfragen außerhalb unseres Zugriffs liegen, da wir damit auch mögliche Lücken im Bestand des MfS-Materials schließen könnten.

Nur dort läßt sich beispielsweise aussagekräftiges Material über die Konzeptionen und Anweisungen der *politisch* Verantwortlichen finden, zum Beispiel über Egon Krenz oder über einzelne Bezirksparteichefs der SED wie Hans Modrow oder Günter Schabowski. Es trifft nämlich nicht zu, daß sich im Stasi-Archiv besonders viele Akten über die führenden oder für Sicherheit zuständigen SED-Kader befinden – wer einmal eine bestimmte Stufe der Parteihierarchie erklommen hatte, wurde nicht mehr zusätzlich als Informant der Staatssicherheit geführt. Für hauptamtliche Funktionäre der SED war die Zusammenarbeit mit dem MfS in der Regel selbstverständlich.

Genauere Angaben über die Steuerung des Staatssicherheitsdienstes durch die SED haben wir bislang fast ausschließlich im sogenannten Mielke-Archiv in der ehemaligen Stasi-Zentrale an der Berliner Normannenstraße gefunden. Es enthält jedoch nur solche Vorgänge, die dem Minister persönlich zugeordnet waren. Nur auf dieses Material gestützt, läßt sich jedoch die Verknüpfung des Politbüros und der Politaristokratie mit dem Staatssicherheitsdienst als dem eigentlichen Machtinstrument der Partei weder politisch noch wissenschaftlich in angemessener Weise aufhellen. Hier für eine Erweiterung der Handlungsfähigkeit unserer Behörde zu sorgen, ist Aufgabe eines neuen Gesetzes zum Umgang mit den Akten des SED-Regimes.

Erst mit einer solchen rechtlichen Grundlage wird sich dokumentieren lassen, wie umfassend das Zusammenspiel zwischen SED und Stasi etwa in der Zentralen Einsatzleitung oder den Bezirks- und Kreiseinsatzleitungen war. Unter Führung des jeweiligen SED-Verantwortlichen arbeiteten hier die leitenden Funktionäre von Staat, Partei, Staatssicherheit, Volkspolizei sowie der Nationalen Volksarmee zusammen und bildeten insbesondere in Krisenzeiten die Macht- und Lenkungszentren der DDR. Auf zentraler Ebene kam diese Aufgabe dem Nationalen Verteidigungsrat unter Vorsitz Erich Honeckers zu. In ihm waren alle mit der Sicherheit des Staates befaßten Säulen der SED-Herrschaft – Staatssicherheit, Armee, Polizei und Partei – zusammengeschlossen, die über alle bedeutenden sicherheitspolitischen Fragen Entscheidungen erarbeiteten beziehungsweise umsetzten.

Die Hauptverantwortung für den Überwachungsapparat der Stasi trug jedoch das Politbüro, in das Erich Honecker seinen Staatssicherheitsminister 1976 als Vollmitglied berufen ließ. Hier wurden die sicherheitspolitischen Vorgaben und Konzepte für die Arbeit des MfS beschlossen, auch wenn diese – wegen des größeren «fachlichen Sachverstandes» – zuvor im Staatssicherheitsministerium erarbeitet worden waren und von den entscheidungsberechtigten Mitgliedern des Politbüros nur bestätigt wurden. Erst durch eingehende historische Untersuchungen wird aber mit letzter Klarheit zu beweisen sein, wie diese Verantwortung im einzelnen wahrgenommen wurde und welchen Anteil das Ministerium für Staatssicherheit selber an Ausübung und Mißbrauch der Macht in der DDR hatte.

Implosion eines Geheimdienstes

Die Auflösung der Staatssicherheit

Auch ein noch so straff organisierter Geheimdienst fällt wie ein Kartenhaus zusammen, wenn seine Strukturen offengelegt werden. Diese Binsenweisheit hat sich auch bei der Auflösung der Staatssicherheit bewahrheitet. Nur wenige Monate nach dem Zusammenbruch des SED-Regimes waren die wichtigsten Strukturen des ehemaligen Ministeriums für Staatssicherheit zerschlagen.

Dennoch ist es im Rückblick immer noch schwer zu begreifen, warum ein militärischer Apparat, der in jeder Beziehung voll funktionsfähig war, der über sämtliche Waffen, Diensträume, Fahrzeuge, Ausrüstungen, beste Verbindungen und umfassende Informationen verfügte, warum dieser Geheimdienst innerhalb weniger Monate in sich zusammenfallen konnte wie ein implodierendes Fernsehgerät.

In den ersten Dezembertagen des Jahres 1989, wenige Wochen nach dem Umsturz in der DDR, begannen engagierte Bürger mit der Auflösung des Staatssicherheitsdienstes, der sie jahrzehntelang überwacht und eingeschüchtert hatte. Alarmiert von schwarzen Rauchwolken, die in den letzten November- und ersten Dezembertagen aus den Innenhöfen der gewaltigen Stasi-Komplexe zum Himmel gestiegen waren, zogen in verschiedenen Bezirksstädten jeweils einige Dutzend Demonstranten zum Stasi-Hauptquartier. Die Bürger befürchteten, daß die Stasi in einer für sie unsicheren Zeit, in der sie sich ihr baldiges Ende zwar nicht einmal vorstellen konnte, aber doch mit gewissen Veränderungen rechnen mußte, damit begonnen haben könnte, Dokumente über die schlimmsten Auswüchse ihrer Sammelwut zu vernichten. Wie sich bald herausstellte, hatten die Bürger recht mit ihrem Verdacht.

In meiner Heimatstadt Rostock zogen am Nachmittag des 4. Dezember engagierte Bürger unter Führung des «Neuen Forums» zur

Stasi-Zentrale in der August-Bebel-Straße – ein riesiger Häuserblock mit angeschlossenem Wohnkomplex und dem Untersuchungsgefängnis des MfS. Diese Gebäude mit ihren abweisenden Fassaden, ihren hohen Mauern, den verschlossenen, von Fernsehkameras und bewaffneten Männern bewachten Toren haben jahrelang jedem Bürger Angst eingeflößt. Allein der Name «August-Bebel-Straße» löste bei manchem ein unheimliches Gefühl aus.

Mit dem damaligen «Mahnwachen-Besuch» – so freundlich nannten die Bürger ihre erste Aktion gegen das verhaßte MfS – sollte die Vernichtung der Akten gestoppt werden. «Sicherheit für unsere Akten» stand auf einem Transparent, das am Haupteingang der Zentrale angebracht wurde. Erst gegen 22.00 Uhr öffneten sich die Eingangstore für eine Gruppe von etwa einem Dutzend Menschen zu Verhandlungen. Die Forderungen der Besetzer an die Stasi lauteten: die Bürger der Stadt sollten zur Kontrolle eingelassen, das Objekt an die Volkspolizei übergeben, alle Räume durch die Staatsanwaltschaft versiegelt und ein unabhängiger Ausschuß zur Untersuchung der Stasi-Machenschaften eingesetzt werden.

Nach und nach ließ die Stasi immer mehr Bürger in das Gebäude, und die Sicherstellung des Materials nahm ihren Lauf – spontan und konzeptionslos, hektisch und ungeplant, gleichwohl entschlossen und konsequent. Außer Generaloberst Mittag, dem Leiter der Bezirksverwaltung, wurden alle Stasi-Mitarbeiter nach Hause geschickt. Vor dem Verlassen des Gebäudes wurden sie zunächst zögernd, doch dann bestimmter von der Volkspolizei, die das «Neue Forum» zu Hilfe gerufen hatte, kontrolliert. Die anfängliche Unsicherheit der Volkspolizisten lag darin begründet, daß auch sie eine Scheu vor diesem am meisten gefürchteten Organ der Staatsmacht hatten. Gleichwohl hielten sie in den frühen Morgenstunden des 5. Dezember sämtliche Eingänge der Stasi-Zentrale und des Außenobjekts in Waldeck besetzt. Im Verlaufe dieser Nacht versiegelte eine Gruppe von Bürgern nach und nach sämtliche Räume mit Siegelmasse und Plombenband, das sich nach langer Suche in einer Schreibtischschublade fand. In einem Seitentrakt wurde darüber hinaus in der Nachrichtenzentrale das gesamte interne Stasi-Nachrichtennetz des Bezirks abgeschaltet, lediglich die geheimen Regierungsnachrichtenleitungen blieben in Betrieb. Ein Mitglied des «Neuen Forums» und ein Posten der Volkspolizei bewachten gemeinsam während der gesamten Nacht die Techniker, die diese Nachrichtenleitungen betreuten, um sicherzustellen, daß die Stasi nicht um Verstärkung aus anderen Bezirken oder der Zentrale bat.

Andere Bürger hatten inzwischen Ärzte herbeigerufen, die den Gesundheitszustand der Gefangenen in der Untersuchungshaftanstalt der Stasi überprüften; sie stellten bei keinem der Inhaftierten Spuren von Mißhandlungen fest. Doch allein die Tatsache, daß unmittelbar nach Betreten der MfS-Zentrale in Rostock Ärzte zu diesem Zweck gerufen wurden, macht deutlich, was die Bürger diesem Geheimdienst zutrauten.

Parallel zum Mahnwachen-Besuch in der August-Bebel-Straße zog damals eine Gruppe von etwa 80 Menschen in das Außenobjekt der Bezirksverwaltung «Waldeck», weil Gerüchten zufolge noch am Vortag dorthin Akten transportiert worden sein sollten. Erst weit nach Mitternacht kamen die ersten aus Waldeck zurück mit den Resten verkohlter leerer Aktendeckel in den Händen, die sie im Waldecker Heizhaus gefunden hatten. Erzürnt warfen sie diese Spuren vom Vernichtungswerk der Stasi dem noch anwesenden Generaloberst Mittag vor die Füße.

Diese äußerst milde Form, Zorn und Protest gegenüber demjenigen auszudrücken, der ja nicht nur für die aktuelle Vernichtung, sondern auch für die Sammlung dieses Materials als Leiter der Bezirksverwaltung des MfS Mitverantwortung trug, ist geradezu charakteristisch für die ersten Stunden der Auflösung des Geheimdienstes in fast allen Bezirksstädten der ehemaligen DDR. Gemeinsames Merkmal war der disziplinierte, ja friedliche Charakter der Besetzungen. Niemand schlug Fenster oder Türen ein, niemand zerstörte Mobiliar, keiner durchstöberte oder entwendete Akten, und erst recht kam niemand auf die Idee, einen Mitarbeiter des MfS tätlich anzugreifen. Das allerdings hätte auch der Verwegenste nicht gewagt, denn die hauptamtlichen Stasi-Mitarbeiter waren bewaffnet – unabhängig davon, ob sie sich in Dienstuniform im Gebäude aufhielten oder sich in ziviler Kleidung unter die Besetzer gemischt hatten.

Zwar befanden sich unter denjenigen, die dort protestierten, viele, die das Faustrecht ohnehin ablehnten. Doch war ihre außerordentliche Zurückhaltung im Umgang mit den Stasi-Mitarbeitern vor allem in der Angst vor möglichen Reaktionen der niemals berechenbaren Stasisten begründet. Dieser Organisation traute man alles zu, vor ihrer Übermacht scheute jeder zurück, und ob sie in einer eskalierenden Situation nicht doch zu ihren Waffen greifen würde, das konnte niemand sicher voraussagen.

Die verständliche Angst vor dem bewaffneten Gegner, der sich teilweise im Kampfanzug und mit Stahlhelm auf dem Kopf präsentierte, bewog die Besetzer zu dieser großen Zurückhaltung. Die Mehrheit von ihnen waren politische Realisten, die das im Moment Mögliche erkennen und durchsetzen wollten, und zur Realität gehörte damals noch ein militärisch perfekt ausgerüsteter und voll funktionsfähiger MfS-Apparat. Daß viele DDR-Bürger aufgrund ihrer Erziehung aggressionsgehemmt sein mögen und deshalb auch an dem zentralen Ort der Unterdrückung ihre aufgestaute Wut nicht entladen konnten, spielt vor diesem Hintergrund eher eine untergeordnete Rolle.

Vermutlich sind die ersten Besetzungen auch deshalb so friedlich verlaufen, weil beide Seiten – Stasi und Besetzer – sich nicht richtig einschätzen konnten. Auch die Stasi fühlte sich seit einigen Tagen wie auf einem Pulverfaß, sie hielt stets ihre Gebäude verdunkelt, weil sie Aktionen befürchtete. Zudem mußte sie allein durch das Abhören der Telefongespräche schon rechtzeitig über den geplanten Mahnwachen-Besuch informiert gewesen sein, hinzu kamen die Hinweise der inoffiziellen Mitarbeiter, die ja in den Bürgerbewegungen präsent waren und selbstverständlich auch an den Besetzungen teilnahmen. Manchmal sogar an vorderster Front, wie am selben Abend in Leipzig, wo als einer der ersten Besetzer Rechtsanwalt Wolfgang Schnur das Stasi-Gebäude betrat, der zum damaligen Zeitpunkt noch nicht als Zuträger der Stasi enttarnt worden war.

Ein Sonderfall ist die Erstürmung der Stasi-Zentrale in der Berliner Normannenstraße am 15. Januar 1990, also erst sechs Wochen nach den friedlichen Besetzungen der Bezirksverwaltungen. Damals hatte das «Neue Forum» zu einer Demonstration vor der Stasi-Zentrale aufgerufen und vorgeschlagen, Steine mitzubringen, um die Eingänge der zahlreichen Gebäude zuzumauern und auf diese Weise die Arbeit des MfS zu beenden. Es kam nicht zu diesem symbolischen Akt, weil sich das Haupttor in der Ruschestraße plötzlich von innen öffnete und daraufhin Tausende von aufgebrachten Demonstranten das Gebäude stürmten, die Türen einiger Zimmer aufbrachen und Akten durchwühlten oder entwendeten. Erst später fiel auf, daß es sich bei den durchwühlten Räumen ausschließlich um solche der Abteilung «Spionageabwehr» gehandelt hatte – ein Gebiet, an dem die Bürgerbewegung bis dahin nur äußerst geringes Interesse gezeigt hatte. Ihre Aufmerksamkeit galt vor allem der «nach innen gerichteten Tätigkeit des MfS», also den Abteilungen, deren Tätigkeit gegen das eigene Volk gerichtet war. Bis heute ist unklar, ob Mitarbeiter der Stasi den Sturm auf die Normannenstraße nicht selbst mit in Szene setzten, damit sie oder ein anderer Geheimdienst die unübersichtliche Situation während der Protestaktion für ihre Zwecke nutzen konnten.

Zu Beginn der Auflösung der Staatssicherheit erkannten die hauptamtlichen Mitarbeiter noch nicht, daß dies der Anfang vom Ende des MfS sein sollte, zumal sie bei der SED die Tendenz spürten, den Staatssicherheitsdienst, wenn auch mit einem anderen Namen und gegebenenfalls mit veränderten Aufgaben, für die DDR zu erhalten. In einem Gespräch hat mir einmal ein ehemaliger hoher Offizier des MfS gestanden: «Letztlich waren wir von der Sieghaftigkeit unserer tschekistischen Sache überzeugt, so daß wir mit einer wirklichen Entmachtung nicht gerechnet haben und schon gar nicht durch das Volk.»

Schon in den ersten Stunden der Auflösung des MfS wurde ein Begriff für diese Art von Vorgehen geprägt, der den ersten Stunden sicher angemessen war, in den nächsten Monaten aber eine problematische Wirkung entfalten sollte – der Begriff der «Sicherheitspartnerschaft». Dahinter verbarg sich die Überzeugung, daß die Kontrolle und Zerschlagung der Staatssicherheit nur in Kooperation mit Polizei und Staatsanwaltschaft möglich sein würden, damit die Stasi-Mitarbeiter nicht zur Selbstverteidigung, womöglich mit Waffengewalt, übergingen und es nicht zu Formen der Selbstjustiz kommen könnte. Das Leitmotiv der «Sicherheitspartnerschaft» war aber mitverantwortlich dafür, daß große Teile des alten Apparates den geordneten Rückzug antreten und bis zum Sommer 1990 viele Spuren ihres unheilvollen Wirkens löschen konnten. So wurden, um nur ein Beispiel zu nennen, die Taschen ehemaliger Stasi-Mitarbeiter, die im staatlichen Komitee zur Auflösung der Stasi tätig waren, beim Verlassen ihrer alten Dienstgebäude niemals kontrolliert. Die Auflöser waren dem professionellen Sachverstand und der kriminellen Energie ihrer Gegenüber in keiner Weise gewachsen.

In Rostock hatte die Bürgerbewegung, bevor sie zur August-Bebel-Straße zog, den Staatsanwalt und die Volkspolizei um Begleitung gebeten, um dem feindlichen Gegenüber die friedlichen Absichten zu signalisieren und der Stasi keinerlei Vorwand zu liefern, zu den Waffen zu greifen. Das war die Sicherheitspartnerschaft der ersten Stunden. Doch wer hier wirklich wessen Partner war, enthüllte sich einigen Augen- und Ohrenzeugen schon im Morgengrauen des 5. Dezember: Einige Mitglieder der Bürgerbewegung forderten damals den anwesenden Staatsanwalt Müller auf, Generaloberst Mittag «zuzuführen», wogegen sich dieser deutlich sträubte. Erst als die Forderung mehrmals nachdrücklich wiederholt wurde, gab der Staatsanwalt seine Zurückhaltung auf und sagte zum Generaloberst förmlich: «Hiermit führe ich Sie zu.» Als beide das Gebäude verließen, fragte schließlich der Staatsanwalt den Stasi-Chef: «Fahren wir mit deinem Wagen oder mit meinem?»

Die fürsorgliche Haltung gegenüber den Mitarbeitern bei der Auflösung des MfS war charakteristisch für die gesamte Ära der Regierung Modrow und für die Tätigkeit des Innenministers der ersten frei gewählten DDR-Regierung, Peter-Michael Diestel. In Hans Modrow setzte das Volk damals große Erwartungen, weil er durch seine für DDR-Verhältnisse ungewöhnliche Art dem Bürger signalisierte, daß etwas Neues kommen sollte, während es gleichzeitig auf die SED-Mitglieder beruhigend wirkte, daß noch einer von ihnen am Ruder war. Modrow genoß deshalb während der Übergangsphase relativ hohe Anerkennung in der DDR-Bevölkerung, doch bei denjenigen, die sich mit dem Thema Staatssicherheit beschäftigten, hatte er diese Wertschätzung sehr früh verspielt. Es war unübersehbar, daß er sich den Mitgliedern des Unterdrückungsapparates der SED, mit dem er jahrelang als ehemaliger Bezirkschef von Dresden Tag für Tag zu tun hatte, mehr verpflichtet fühlte als den aufgebrachten Bürgern. Offenkundig empfand Modrow den Druck der Bevölkerung, ihre Wut und ihren Zorn auf das MfS als weniger bedrohlich als den zu erwartenden Widerstand des Machtapparats, wenn er dessen Zerschlagung entschlossen angegangen wäre. Deshalb dachte Hans Modrow zunächst auch gar nicht an eine Auflösung der Stasi, sondern nur an die Umwandlung des MfS in ein Amt für Nationale Sicherheit (AfNS).

Auch diese Umwandlung begann er zögerlich. Leitmotiv seines Handelns war die Sorge um die eigene Klientel. Er schickte Abgesandte und Regierungsbeauftragte in sämtliche Bezirke, die kontrollieren sollten, wie die Strukturen des MfS in solche des AfNS umgewandelt wurden. Später stellte sich heraus, daß ein Teil von ihnen besonders treue Genossen waren, nämlich sogenannte «Offiziere im besonderen Einsatz», also Spitzenleute der Stasi. Ziel der Regierung Modrow war es, Personal und Know-how der Staatssicherheit durch die Überführung in ein «Amt für Nationale Sicherheit» wenigstens teilweise zu bewahren und nur den Terror gegen das Volk und die illegalen Machenschaften zu beseitigen. «Altes Denken unter neuen Kappen» war deshalb der vorherrschende Eindruck der Bevölkerung.

Diese Abgesandten, die mit umfangreichen Kompetenzen ausgestattet waren, wirkten häufig als Krisenmanager, um zwischen Bürgern, Stasi-Mitarbeitern, Staatsanwaltschaft und Volkspolizei zu vermitteln. Dennoch konnte die Umwandlung des MfS in ein AfNS nicht funktionieren, weil nicht einmal die Abgeordneten der alten Volkskammer diese Idee einhellig unterstützten, geschweige denn die Bürger, die die Stasi-Zentralen besetzt hielten. Sie hätten diese Gebäude niemals verlassen, wenn an deren Eingang lediglich das Namensschild ausgewechselt worden wäre. Die Regierung Modrow brauchte sehr lange, um diese Entschlossenheit überhaupt wahrzunehmen. Selbst eine Zusammenrottung partei- und Stasi-naher Kreise vor dem Treptower Ehrenmal Ende 1989, nachdem dieses mit antisowjetischen Parolen beschmiert worden war und die Parteispitze sich vor einer riesigen Volksmenge aufstellte, um die «rechte Gefahr» zu beschwören und ihre treuen Anhänger «Verfassungsschutz, Verfassungsschutz» rufen zu lassen, selbst dies konnte keinen Meinungsumschwung bewirken. Erst am 12. Januar 1990 ließ die Regierung Modrow von dem Plan ab, einen neuen Verfassungsschutz zu installieren.

Ein makabrer Höhepunkt bei der Auflösung des MfS war die Zerstörung aller Magnetbänder mit den Namen sämtlicher inoffizieller Mitarbeiter der Staatssicherheit vor laufenden Fernsehkameras Mitte Januar. Bis heute ist nicht geklärt, wer bei dieser Aktion, die vom zentralen «Runden Tisch» gebilligt worden war, tatsächlich die Fäden in der Hand hielt. Die Zerstörung dieser Magnetbänder kann heute nur noch als *der* große Triumph im Katz-und-Maus-Spiel zwischen Stasi und Auflösern angesehen werden. Die Vertreter der Bürgerbewegungen am «Runden Tisch» waren mit ihrer Entscheidung über die Vernichtung der elektronischen Datenträger aber nicht nur den Argumenten der Vertreter von Staatssicherheit und SED-PDS gefolgt. Vielmehr fürchteten sie die Möglichkeit eines schnellen Zugriffs auf das gefährliche «Wissen» der Stasi, die von dem damals noch mehr oder weniger intakten Machtapparat oder von einem anderen Geheimdienst unbemerkt mißbraucht hätte werden können.

Die erste frei gewählte Regierung der DDR unter Lothar de Maizière fühlte sich dem Auflösungsbeschluß der Regierung Modrow selbstverständlich verpflichtet. Sie fand sogar einen Innenminister,

Peter-Michael Diestel, der mit besonders starken Worten die Zerschlagung der Staatssicherheit zu seinem Programm erhob. Der anfänglichen Begeisterung der Bürger über diese Worte folgte freilich die Ernüchterung auf dem Fuße. Fassungslos mußten sie erleben, daß der Personalbestand der Stasi-Auflöser, die sich unter der neuen Regierung als staatliches Komitee zur Auflösung des MfS/AfNS konstituiert hatten, vollkommen durchsetzt war von Mitarbeitern des alten Staatsapparates und, schlimmer noch, von einer großen Anzahl ehemaliger hauptamtlicher Stasi-Mitarbeiter, darunter einer ganzen Reihe von Elite-Offizieren, den sogenannten «Offizieren im besonderen Einsatz». Allein in der Berliner MfS-Zentrale arbeiteten achtzig ehemalige Stasisten im staatlichen Komitee an der Auflösung ihrer alten Dienstbehörde mit und hielten sämtliche Leitungspositionen innerhalb des Komitees besetzt.

Dieser Umstand verbitterte vor allem die Mitglieder der Bürgerkomitees zur Auflösung der Stasi, da sie immer wieder die Erfahrung machen mußten, daß sie in ihrer Arbeit von den Eingeweihten getäuscht und behindert wurden. Sowohl die Stasi-Mitarbeiter als auch die Abgesandten aus den Ministerien versperrten ihnen zu den entscheidenden Informationen den Zugang. Obwohl einige ehemalige Stasi-Mitarbeiter durchaus loyal mit der Demokratiebewegung zusammenarbeiteten, änderte dies nichts am grundsätzlichen Kurs des Auflösungskomitees, sich zuallererst um die ureigensten Belange der Stasi-Mitarbeiter zu kümmern – zum Beispiel um eine großzügige Regelung der Rentenfrage oder um eine Vermittlung von jüngeren Stasi-Mitarbeitern in andere staatliche Stellen, unabhängig davon, ob sie die nötige fachliche Kompetenz dafür mitbrachten.

Hans Modrow lag zuallererst die Sorge am Herzen, ausgerechnet dem Kreis der in die Arbeit des MfS Verstrickten könne nicht genügend Recht geschehen. Daß Peter-Michael Diestel als Innenminister der ersten frei gewählten Regierung später gern Ähnliches verlauten ließ, verbitterte viele Menschen. Vom moralischen Recht der Opfer auf Offenlegung der Stasi-Strukturen haben beide in merkwürdiger Übereinstimmung nur selten gesprochen. Vor diesem Hintergrund verwundert es nicht, daß die Art und Weise, wie das staatliche Komitee die materielle Auflösung des MfS/AfNS betrieb und wie es sich um den Verbleib der rund 3300 Objekte und Einrichtungen der Stasi mit einem Gesamtwert von schätzungsweise 60 Milliarden DM «kümmerte», mittlerweile Gegenstand staatsanwaltschaftlicher Ermittlungen ist.

Sosehr die Bevölkerung auch über die falsche Weichenstellung der Regierung Modrow bei der Auflösung der Stasi und über den pfleglichen Umgang mit ihren Mitarbeitern empört war, so erwartete sie angesichts der engen Verflechtung zwischen Stasi und SED in gewisser Weise gar kein anderes Verhalten. Daß aber ein CDU-Innenminister diese fatale Politik nicht korrigierte, sondern unbeirrt die zögerliche und lasche Auflösung weiterbetrieb, konnte niemand mehr verstehen. Spät, aber immerhin, wurde Diestel schließlich von Lothar de Maizière die Zuständigkeit für die Auflösung des MfS entzogen – aber war sie bei ihm in besseren Händen?

Über die Gründe für den Widerspruch zwischen Diestels starken Worten und seinen schwachen Taten wurde viel spekuliert. Diestel hat allen Verdächtigungen gegenüber, er könne selber ein Mitarbeiter der Stasi gewesen sein, immer wieder darauf hingewiesen, von ihm gäbe es in den Archiven überhaupt keine Akte. Vielleicht lag der Grund für seine zwiespältige Rolle auch in seiner mangelnden Fähigkeit, richtig einzuschätzen, was damals notwendig gewesen wäre, um die seelische Not der Bürger zu lindern und ihre Bereitschaft zu fördern, mit der Aufarbeitung der Stasi-Vergangenheit auch im eigenen Umfeld entschlossen zu beginnen.

Diestel hat in erster Linie mit der bedrohlichen Macht des Apparates argumentiert, der immer noch gefährlich werden könnte, wenn ihm die Auflöser entschlossen zu Leibe rücken würden. Ob er das tatsächlich befürchtet hat oder ob diese Äußerungen nur taktische Ablenkungsmanöver waren, sei dahingestellt. Fest steht, daß weder das Volk drastische Rache an den ehemaligen Unterdrückern nehmen wollte, noch die Mehrzahl der hauptamtlichen Mitarbeiter des MfS es als politisch sinnvoll erachtete, terroristische Maßnahmen zu ergreifen und den Aufstand zu proben. Sie hatten keine Basis mehr für derartige Unternehmungen, dessen sie sich auch bewußt waren, denn wer hätte dies besser wissen können als sie selbst.

Dennoch war der Gedanke, bei der Stasi in dieser Umbruchszeit ein latentes Gewaltpotential zu vermuten, nicht völlig abwegig. Die Staatssicherheit hatte ihre hauptamtlichen Mitarbeiter eng aneinandergeschmiedet, sie wohnten in eigens für sie errichteten Wohnblöcken und hatten wenig Kontakt zur übrigen Bevölkerung. In der für sie bedrohlichen Auflösungsphase fühlten sie sich durch die gemeinsame Enttäuschung noch enger aneinander gebunden. Weil sie bei der Stasi besser verdienten als der Bevölkerungsdurchschnitt und auch Dinge tun durften, die einem normalen Bürger verboten waren, fühlten sie sich als eine Elite, gleichsam als Speerspitze der sozialistischen Entwicklung.

Wenn bei einer so großen Gruppe von Menschen das Bewußtsein, etwas Besonderes zu sein, von einem Tag auf den anderen zerstört wird, kann sich durchaus eine gewalttätige Situation entwickeln. Aber die Stasi-Mitarbeiter, die von der Sieghaftigkeit ihrer «tschekistischen Arbeit» überzeugt waren, hatten keinerlei Rückhalt mehr durch ihre obersten Vorgesetzten. Erich Mielke saß in Untersuchungshaft, andere Verantwortliche waren untergetaucht. Zudem war die große Mehrheit der hauptamtlichen Stasi-Mitarbeiter weniger ideologie- als erfolgsorientiert. Es waren in erster Linie Menschen, die ihre Ellenbogen in der sozialistischen Gesellschaft richtig einsetzen konnten, die deshalb erfolgreich waren und gut verdienten. Viele von ihnen erkannten schnell die Chancen des Übergangs und halfen sich gegenseitig mit ihrem detaillierten Wissen, lukrative Posten zu besetzen – zum Beispiel in Betrieben, die der SED oder dem MfS gehörten. Schneller als die ahnungslos Außenstehenden ergriffen sie die Chancen der turbulenten Übergangszeit, gründeten vielleicht eine GmbH und ernannten sich selbst zum Geschäftsführer mit einem üppigen Gehalt. In dieser Zeit mußten die Mitglieder der Auflösungskomitees sehr häufig die bittere Erfahrung machen, zu spät zu kommen.

Der Sonderausschuß der Volkskammer zur Kontrolle des staatlichen Komitees zur Auflösung der Staatssicherheit konstituierte sich im Juni 1990. Das Parlament wollte nicht mehr der Regierung allein diese wichtige Aufgabe überlassen, sondern an dieser entscheidenden Stelle selbst bei der demokratischen Erneuerung mitwirken. Dieser Sonderausschuß, dessen Vorsitzender ich war, begnügte sich zum Beispiel bei der Auflösung der OiBE-Struktur nicht nur mit der Durchleuchtung des staatlichen Komitees auf verdeckte Stasi-Mitarbeiter, sondern wurde selbst aktiv, indem er für die Entlassung sämtlicher OiBEs sorgte, die bei der Volkspolizei im Bereich K 1, also dem für politische Kriminalität, tätig waren. Auch in anderen Ministerien und staatlichen Einrichtungen entdeckten wir über die Gehaltslisten der Stasi solche «Offiziere im besonderen Einsatz» und forderten ihre Entlassung. Unser Hauptaugenmerk galt damals der Kontrolle des Staatsapparates; «Offiziere im besonderen Einsatz», die in der Wirtschaft eingesetzt waren, sind dagegen zum Teil aus Zeitmangel nicht mehr aufgespürt worden und können deshalb bis heute in den Betrieben weiterhin unbemerkt tätig sein – nicht nur in Ost-, sondern unter Umständen auch in Westdeutschland.

Da meine Behörde eine große Zahl von «Offizieren im besonderen Einsatz» namentlich über die Gehaltslisten kennt, hätten wir die Möglichkeit, in diesem Bereich eigenständig zu ermitteln. Das allerdings verbietet uns der Einigungsvertrag. Wenn die gesetzlichen Voraussetzungen dazu geschaffen würden, hätten wir auch jetzt noch die Möglichkeit, ehemalige «Offiziere im besonderen Einsatz» des MfS zu finden, zumal es bei diesen um eine überschaubare Größenordnung geht. Ob wir aber auch in zwei Jahren noch den Verbindungen zu diesem Personenkreis nachgehen können, ist zu bezweifeln. Denn in nicht allzu ferner Zeit können wir kaum noch auf die Kenntnisse von Personen zurückgreifen, die heute unter Umständen bereit sind, entsprechende Hinweise zu geben. Die Suche nach den OiBEs bliebe dann auf gerichtliche Verfahren beschränkt, in denen Polizei und Meldeämter aktiv werden müßten. Falls unser Handlungsspielraum nicht durch ein neues Gesetz entscheidend erweitert wird, bleibt diese Sondertruppe der Stasi weiterhin zum Großteil unentdeckt.

Während der Auflösungsphase des MfS hat die Sorge, der sowjetische Geheimdienst KGB könnte nennenswerte Bestände an Akten oder Personal des MfS übernehmen, die Gemüter in Ost- und Westdeutschland gleichermaßen erregt. Auch in diesem Zusammenhang muß ich betonen, daß wir früher nicht die Zeit hatten, uns diesem Komplex zuzuwenden; heute fehlt uns dagegen der rechtliche Rahmen, einem solchen Verdacht systematisch nachzugehen. Die Mehrzahl der Mitarbeiter des Ministeriums für Staatssicherheit sah jedoch angesichts der Aufhebung des Ost-West-Gegensatzes und der Demokratisierung in der Sowjetunion wenig Sinn darin, sich noch einmal einem derartigen Dienst zu verpflichten. Gleichwohl wird sich eine Anzahl von Stasi-Mitarbeitern dem KGB angedient haben, da sie über Spezialkenntnisse oder über wichtige Verbindungen verfügten. Darüber hinaus gibt es Hinweise, daß aus Gebäuden des MfS Aktenmaterial zum KGB verbracht wurde. Obwohl wir für eine kurze Zeitspanne in der untergehenden DDR das Privileg hatten, in einer geheimdienstfreien Gesellschaft zu leben, ist wohl davon auszugehen, daß dieses zweitälteste Gewerbe der Welt immer Konjunktur haben wird.

III. Die Erben

Schlußstrich oder Aufarbeitung?

Der schmerzhafte Weg zur Aussöhnung

Seitdem mit der Auflösung des DDR-Staatssicherheitsdienstes begonnen wurde, ist immer wieder der Vorschlag gekommen, sich seines unheimlichen Erbes auf einfache Weise zu entledigen: Die kilometerlangen Bestände der Akten und Dateien, in denen die Bevölkerung eines ganzen Staates wie gläserne Menschen durchleuchtet und ihr Leben manchmal bis in den intimsten Bereich hinein ausgeforscht und gespeichert wurde, sollten so schnell wie möglich vernichtet werden. Vom «bedrohlichen Gift der Akten» war die Rede, von einer «Zeitbombe», die man wie ein explodiertes Kernkraftwerk am besten unter einer dicken Betondecke begraben sollte, von einem raschen und endgültigen Schlußstrich, der jetzt unter die Stasi-Vergangenheit gezogen werden müßte.

Diese Art von «Vergangenheitsbewältigung» praktizierte bezeichnenderweise als erste die Stasi selbst, als sie in den Wochen des revolutionären Herbstes 1989 daranging, systematisch belastende Aktenbestände zu vernichten. General Schwanitz, einer der Hauptverantwortlichen der Stasi in dieser Zeit, erließ im November einen Befehl, der angesichts der heraufziehenden Unsicherheit eine lange Liste mit zu vernichtenden Unterlagen enthielt – darunter solche über Abgeordnete der «befreundeten Parteien» der SED oder über Liebesbeziehungen zu Personen im kapitalistischen Ausland. Empörte Bürger setzten diesem Treiben schließlich ein Ende. Zu einem symbolischen Akt, die Stasi-Vergangenheit durch die Vernichtung ihrer gefährlichen Hinterlassenschaften gleichsam abzuschütteln, geriet auch die Ausführung eines Beschlusses des zentralen «Runden Tisches» Anfang 1990, alle elektronischen Datenträger des MfS zu vernichten – das Fernsehen zeigte damals jedem Bürger, wie die Magnetbänder und Speicherplatten zermalmt und damit unschädlich gemacht wurden. Erst nachdem das Werk vollzogen war, gerieten einzelne ins

Grübeln, ob bei diesem Beschluß nicht der alte Apparat selber die Feder geführt haben könnte, weil er das größte Interesse daran haben muß, die Spuren seines Wirkens möglichst vollständig zu beseitigen.

Der Ruf nach dem Schlußstrich wurde in der Folgezeit aber auch von westdeutschen Politikern sowie von integeren Persönlichkeiten aus der alten DDR erhoben, die manchmal selber Opfer des Schnüffelapparates gewesen waren. Immer neue Enthüllungen über die Stasi-Vergangenheit führender Politiker der Umbruchszeit wie Wolfgang Schnur, Martin Kirchner, Ibrahim Böhme oder Lothar de Maizière ließen allmählich erahnen, wie weit die Durchsetzung der Gesellschaft mit inoffiziellen Mitarbeitern des MfS gegangen war – und diese Last erschien vielen Wohlmeinenden jetzt vor allem als ein Druck- und Erpressungsmittel zu wirken, das von parteipolitischen oder anderen dunklen Interessen nach Belieben zur Diskreditierung mißliebiger Personen eingesetzt werden könnte. Andere Argumente gegen die rückhaltlose Aufarbeitung des Stasi-Erbes lauteten, daß es bei einer radikalen Offenlegung aller Verstrickungen unweigerlich zu Mord und Totschlag käme und die Ostdeutschen noch gelähmter den vor ihnen liegenden schweren Aufgaben gegenüberstünden. Die Warnung vor einer politischen Verunsicherung wurde ebenso in Ansatz gebracht wie die christliche Bereitschaft zur Vergebung und die mögliche Belastung für ein Zusammenwachsen der Deutschen in Ost und West. Manchmal wurde auch die Beweiskraft der Stasi-Akten in Zweifel gezogen und auf die schwierige Grenzziehung zwischen Tätern und Opfern verwiesen.

In diesem Sinne äußerten sich insbesondere Vertreter der evangelischen Kirchen, die bei der Entmachtung der SED eine wichtige Rolle spielten, nun aber für Vergebung und Neubeginn plädieren. Der Bischof von Berlin-Brandenburg, Gottfried Forck, forderte öffentlich, die Akten ein für allemal zu schließen, und der sächsische Landesbischof Hempel meinte in einer Fernsehsendung, es gebe in den fünf neuen Bundesländern wichtigere Aufgaben als die Vergangenheitsbewältigung. In ähnlicher Richtung äußerte sich auch der Vorsitzende der Konferenz der Kirchenleitungen, Bischof Demke, und Friedrich Schorlemmer, einer der Initiatoren der friedlichen Revolution, sprach sich öffentlich dafür aus, einen Schlußstrich zu ziehen, weil die Stasi mit ihrem Wissen sonst doch noch einen späten Sieg über ihre früheren Gegner erringen würde.

Ich habe Verständnis für das Erschrecken, das viele befällt, wenn sie sich vergegenwärtigen, in welcher Weise das Aktenmaterial des MfS mißbraucht werden könnte. Und dennoch: Das Aussparen bestimmter Probleme aus der öffentlichen Diskussion hat noch keiner Gesellschaft geholfen – gerade das ist ja eine Lehre aus dem Zusammenbruch der DDR. Genausowenig wie sich in der Familie oder im Freundeskreis Probleme dadurch lösen, daß man darüber schweigt, können wir der Last der Stasi-Vergangenheit dadurch entgehen, daß wir die Debatte darüber für beendet erklären.

Sollte sich eine solche Form des Umgangs mit den Stasi-Akten durchsetzen, wäre ein enormes Maß an Frustration und Unmut in den neuen Ländern unvermeidlich. Sie würde auch bewirken, daß die hysterische, um einzelne «Fälle» kreisende Form der Aufarbeitung weiter begünstigt würde, doch davon profitiert nur die Boulevardpresse, während die Bevölkerung zur Rolle eines ewigen Zuschauers verurteilt wäre. Das Zuschauen ist aber letztlich ebenso wenig nütze wie das Wegschauen – was wir lernen müssen, ist das sachgerechte *Wahrnehmen* als Voraussetzung für späteres sachgerechtes *Entscheiden*. Psychologisch ist der Wunsch, die Akten zu vergraben und nicht mehr zu bearbeiten, verständlich, aber wir verzögern damit nur das Zurechtkommen mit der eigenen Geschichte. Sich der Vergangenheit zu stellen, mag schmerzhaft sein, aber in jedem Fall heilsamer, als sie von sich wegzuschieben und zu verdrängen.

Es ist auch eine Illusion zu glauben, das Problem der Stasi-Akten ließe sich dadurch erledigen, daß man einen riesigen Betondeckel über die Akten legt, so daß niemand mehr an sie herankommt. Eine allgemeine gesellschaftliche Übereinkunft, die Stasi-Vergangenheit aus höheren Motiven ruhen zu lassen, kann und wird es nicht geben. Zum einen verbietet dies schon der berechtigte Anspruch der Opfer zu wissen, *was* über sie gespeichert wurde, *wer* ihre Inhaftierung oder andere Zwangsmaßnahmen angeordnet hat und *welche Ansprüche auf Wiedergutmachung* aus der unrechtmäßigen Verfolgung resultieren. Für die strafrechtliche Ahndung vergangener Untaten ist es unerläßlich, die Archive der Stasi nutzen zu können. Zum anderen wird es immer Menschen geben, die sich an eine solche Übereinkunft nicht halten, und wir wären all denen hilflos ausgeliefert, die in ihren Köpfen oder Aktentaschen kompromittierendes Material aus der Vergangenheit festgehalten haben und nach Belieben oder finanzieller Situation davon Gebrauch machen würden. Ich selber habe die Erfahrung machen müssen, wie mir unbekannte Personen meinen Ruf mit böswilligen Beschuldigungen unterminieren wollten und erst der Blick in die Akten es möglich machte, die Vorwürfe Punkt für Punkt zu widerlegen. Gerade um uns nicht dem «Herrschaftswissen» der Stasi-Offiziere auszuliefern, um den Halbwahrheiten, Gerüchten und Unterstellungen entgegentreten zu können, brauchen wir den Zugang zu den Archiven und umfassende Nutzungsmöglichkeiten des Materials.

Ich teile auch nicht die Auffassung, daß eine Offenlegung der Akten und damit der Mitwirkung vieler bislang als unbescholten geltender Bürger am Unterdrückungssystem der Stasi im Osten Deutschlands zu Mord und Totschlag führen würde. Es gibt überhaupt keinen Anlaß davon auszugehen, daß es zu solchen rechtswidrigen Handlungen der betroffenen Bürger kommen würde, und der Rechtsstaat bietet zudem ausreichende Mittel, dies zu verhindern. Mir ist in der ganzen DDR auch nicht ein einziger Fall bekannt geworden, wo es zu persönlicher Rache oder sogar zu Lynchjustiz gekommen wäre, obwohl manch einer genügend Anlaß dazu hätte. Bis zum heutigen Tag hat sich niemand auf Wolfgang Schnur oder Ibrahim Böhme gestürzt, nachdem ihre Zusammenarbeit mit dem MfS bekannt wurde, obwohl sicher viele Menschen, die Kontakt zu ihnen hatten, ein Gefühl maßloser Enttäuschung und Bitterkeit empfanden. Es entspräche einfach in keiner Weise dem Charakter dieser ostdeutschen Revolution, wenn die Opfer nunmehr den Tätern den Schädel einschlagen würden – nur *wissen* möchten sie wenigstens, wer ihnen was warum angetan hat. Und aus diesem Wissen sollen sie als selbständig handelnde Staatsbürger ihre Entscheidungen ableiten. Eine fürsorgliche Anleitung durch den Staat dagegen verzögert nur die Subjektwerdung einer lange zu Objekten degradierten Bevölkerung.

Ich bin der festen Überzeugung, daß niemand in der ehemaligen DDR – auch die Opfer der Staatssicherheit nicht – eine Hetzjagd eröffnen will oder in der Art eines Saubermannes einem Entstasifizierungswahn verfallen würde. Es geht lediglich darum, daß wenigstens die herausgehobenen Positionen in der Gesellschaft nur solche Bürger bekleiden können, die nicht durch eine Mitarbeit beim MfS belastet sind. Es ist von elementarer Bedeutung, für Parlamentarier, Behörden und Leitungsebenen der Wirtschaft anerkannte Kriterien zu entwickeln, ob und wieviel frühere Kooperation mit der Stasi auf der jeweiligen Ebene geduldet werden kann. Es löst nämlich in den Menschen einen ungeheuren Zorn und auch wachsende Zweifel an der Gerechtigkeit der Demokratie aus, wenn sie täglich an ihrem Arbeitsplatz oder in den Behörden immer noch mit denselben Figuren konfrontiert sind, die schon während der Herrschaft von SED und Stasi Privilegien genossen.

Ich glaube, daß die Bürger und Politiker in den alten Bundesländern lernen müssen, diesen Zorn und die dahinterliegenden Erfahrungen zu verstehen, denn mit der Vereinigung beider deutscher Staaten ist der Umgang mit der Stasi-Vergangenheit zu einem gesamtdeutschen Problem geworden. Über die Ostdeutschen wird oftmals vorschnell geurteilt, ohne deren Lebensgeschichte und Lebensumfeld zu kennen, und mancher Vorschlag, was mit den Stasi-Akten zu geschehen hat, orientiert sich zu sehr an den eigenen Erfahrungen und zuwenig an denen der Menschen in der ehemaligen DDR. Je intensiver sich aber Politiker und Bürger der alten Bundesländer mit dem Problem der Akten und der Unterdrückung durch den Staatssicherheitsdienst beschäftigen, desto bereiter sind sie, den Wünschen vieler Ostdeutscher zu entsprechen, die Stasi-Archive so weit wie möglich zu öffnen.

Wir sind in dieser Frage auf ein hohes Maß an Sensibilität und Einfühlungsvermögen angewiesen – und zwar in allen politischen Lagern. Es muß möglich sein, im Bundestag an diesem Punkt zu einem fraktionsübergreifenden Konsens zu kommen, der eine Aufarbeitung der Vergangenheit ermöglicht, die sich an Offenheit und Konfliktbereitschaft, an Erinnerung und Begegnung orientiert. Die Abgeordneten aus der alten DDR haben dabei die wichtige Funktion, diese Aufgabe aus ihrer eigenen Betroffenheit auch jenen zu veranschaulichen, die den Sinn einer solchen Auseinandersetzung anzweifeln und die Akten am liebsten für immer schließen würden.

Ich bin zuversichtlich, daß die Politiker der Verantwortung, die in dieser Frage auf ihnen lastet, am Ende gerecht werden. Die Westdeutschen haben ja den ehemaligen DDR-Bürgern die Erfahrung voraus, wie bitter es ist, die Aufarbeitung einer schlimmen Vergangenheit der nächsten Generation zu überlassen. Sie sind gewissermaßen gebrannte Kinder und werden es kaum zulassen, daß dieses Versäumnis der Deutschen auch noch zu einer schlechten Tradition wird. In seiner berühmten Rede zum 8. Mai 1985, dem 40. Jahrestag des Kriegsendes, hat Richard von Weizsäcker von der Bedeutung des Erinnerns gesprochen, um Gegenwart und Zukunft gestalten zu können. Die jetzt zu gestaltende Form der Aufarbeitung unserer Vergangenheit bietet eine gute Möglichkeit, dem Vorurteil entgegenzuwirken, die Deutschen verweigerten sich generell ihrer Vergangenheit und seien «unfähig zu trauern».

Bleibt schließlich das Argument, die Akten hätten allein deshalb keine Aussagekraft, weil sie von Stasi-Offizieren – also von den Tätern – angefertigt wurden, die bei einer Einsichtnahme gleichsam ein zweites Mal zu Zeugen oder Anklägern gegenüber ihren ehemaligen Opfern oder gepreßten Informanten werden. Es ist richtig, daß die Beweiskraft der Stasi-Akten immer relativ bleiben wird, doch *ohne* sie sind wir noch mehr auf Spekulationen und Verdächtigungen angewiesen. Man muß davon ausgehen, daß die in den Akten vorgenommenen Bewertungen und Einschätzungen über einen Bürger eingefärbt waren und einem Vorverständnis unterlagen, so daß ein naiver Kirchenmann mitunter vielleicht als vom MfS beeinflußbar und geführt dargestellt wurde. Es konnte beispielsweise passieren, daß ein MfS-Offizier in der Beurteilung über diesen Mann schrieb, die Zielperson sei aufgrund der Einflußnahme und der angewendeten Maßnahmen zu der und der realistischen Einschätzung der Situation gekommen, obwohl den Betreffenden nur sein eigenes logisches Denken zu seiner politischen Entscheidung veranlaßt hatte. Trotz solcher Schönfärberei ist das Aktenmaterial jedoch keineswegs so grob verfälscht oder entstellt, daß es überhaupt keine Aussagekraft hätte.

Die Stasi-Akten lassen vielmehr deutlich erkennen, ob ein Führungsoffizier seine eigenen «Leistungen» schönte, um seine Einflußmöglichkeiten und Aufstiegschancen zu verbessern. Zudem gab es eine spezielle Auskunfts- und Kontrollinstanz, die die Arbeit der Stasi-Mitarbeiter prüfte und eigens für den Minister Bewertungen vornahm. Die Kontrolleure schauten sich die Akten an, um einen Führungsoffizier, der permanent überdurchschnittlich positive Ergebnisse lieferte, zu prüfen, und hätten es keineswegs durchgehen lassen, wenn Stasi-Offiziere, wie sonst in der DDR üblich, ihre Berichte stets schönten. Die preußisch-penibel geführten Akten zeigen eben auch, wenn ein Stasi-Mann nicht so preußisch und penibel gearbeitet hatte, sondern ständig auf der Jagd nach einem höheren Dienstgrad war. Jeder, der sie liest, bekommt sehr schnell ein Gefühl dafür, wie ihr tatsächlicher Aussagegehalt einzuschätzen ist.

Die Aussagekraft der MfS-Akten wird zuweilen auch durch Vermutungen in Zweifel gezogen, sie seien zum Teil von ehemaligen Stasi-Offizieren gefälscht worden und deshalb unbrauchbar. Dabei werden jedoch die zweifellos vorhandenen technischen Erfahrungen und die kriminelle Energie einiger Stasi-Mitarbeiter bereits für eine vollzogene Tat gehalten. Möglicherweise gibt es in der Tat einzelne, die mit Hilfe eines mitgenommenen Stempels oder eines Formblattes im nachhinein Fälschungen erstellen können, und die Stasi hat in der Vergangenheit sicher auch versucht, Zielpersonen, besonders im Ausland, durch gefälschte Dokumente zu kompromittieren. Unrealistisch ist es jedoch, davon auszugehen, daß heute ein mehrjähriger Aktenvorgang nachträglich gefälscht werden könnte – gerade darum ginge es jedoch, denn warum sollte die Stasi früher über einen operativen Vorgang gefälschtes Material gesammelt haben. Bislang ist uns jedenfalls kein einziger relevanter Fall einer durch Fälschung verursachten Desinformation oder Täuschung bekanntgeworden.

Darüber hinaus stehen uns natürlich auch sämtliche kriminaltechnischen Mittel zur Verfügung, um eine Fälschung als solche zu erkennen, aber wir hatten bislang noch keinen Anlaß, die Akten, die zum Teil handschriftlich, durchnumeriert und häufig sogar vernäht sind, als gefälscht zu betrachten. Wenn das Material dann wirklich vor einem liegt, oftmals mit deutlichen Alterungserscheinungen, stellt sich diese Frage zumeist gar nicht mehr. Insbesondere bei langjährigen Vorgängen müssen wir die Behauptung, die Akten seien gefälscht, rundweg zurückweisen.

Fest steht auch, daß die Stasi nicht damit gerechnet hat, ihre Tätigkeit in naher Zukunft beenden zu müssen. Warum hätten Stasi-Offiziere frühzeitig gefälschtes Zweitmaterial für eine Zielperson anlegen sollen, um diese für den Fall, daß sie unter gänzlich anderen politischen Bedingungen einmal im Mittelpunkt des öffentlichen Interesses stehen könnte, zu kompromittieren? Es ist auch ein Fehler zu glauben, daß das Hauptpotential dieses Ministeriums Sadisten und Kriminelle gewesen seien; vielmehr handelte es sich hauptsächlich um verführte, aber nach Dienstvorschriften arbeitende Personen. Viele waren einfach «Law-and-order-Typen», mit einer schlimmen Art, diesen Werten zu folgen, und ohne irgendeine Kritik gegenüber dem totalitären System zu entwickeln. Aber innerhalb dieses Systems verstanden sie sich als Ordnungsfaktoren, deren «Kampfauftrag», exakte Analysen und Urteile anzufertigen, einer bewußten Schönung oder Fälschung von Aktenmaterial entgegenstand.

Wie wir das Problem der Stasi-Akten auch drehen und wenden – wir werden besser damit fertig, wenn wir Einblick nehmen können in dieses unheimliche Erbe der untergegangenen DDR. Möglicherweise wird es bei einer Öffnung der Archive zunächst eine Phase kritischer Auseinandersetzungen und Diskussionen geben, aber danach wird die Bereitschaft, dieses Kapitel deutscher Geschichte abzuschließen, mit Sicherheit eher wachsen, als wenn wir den Rechtsfrieden allgemein ausrufen und später immer wieder mit neuen Beschuldigungen fertig werden müssen. Dem Ziel des Rechtsfriedens wird wenig mit Beschwörungen, aber sehr viel durch die Berechtigung der Betroffenen gedient, als eigenverantwortliche Staatsbürger zu handeln. Auf diese Weise kommt es am ehesten dazu, daß die Bürger Frieden schließen können mit ihrem Staat, was um so eher zu erwarten ist, je deutlicher der Staat ihnen das Recht einräumt, selber zu entscheiden, was sie mit dem in den Stasi-Archiven angehäuften Herrschaftswissen tun wollen. Um es deutlich zu sagen: Es ist Sache des Betroffenen zu entscheiden, ob er «seinem» Spitzel oder MfS-Offizier vergeben oder ihn anklagen möchte, ob er lieber nicht informiert werden will und ob er die Trennung von «Freunden» oder die Aussprache und Neugestaltung von Beziehungen anstrebt. Diese Offenheit bringt unter Umständen eine Phase der Krise, aber danach einen fundierteren Frieden untereinander.

Manche, die von der Stasi jahrelang beobachtet oder schikaniert wurden, haben erklärt, sie wollten in ihre Akte keine Einsicht nehmen, weil sie erst gar nicht in diesen Morast eintauchen wollten. Nicht jeder will genau wissen, wer was in seinem Leben bewirkt hat, und manche fürchten auch, nach der Lektüre ihre besten Freunde zu verlieren. Ich habe für diese Position größtes Verständnis, und es ist wahrscheinlich kein Zufall, daß ich auch meine eigene Akte, die ich während meiner Tätigkeit als Volkskammerabgeordneter einsehen konnte, nur selektiv zur Kenntnis nahm. Aber eine solche Entscheidung muß jeder selber treffen können, und niemand ist politisch oder moralisch dazu befugt, den Opfern die Einsichtnahme zu verwehren. Die Bürger in der alten DDR wurden lange genug im Stadium der Unmündigkeit fixiert, jetzt muß der einzelne seine persönliche Freiheit auch dahingehend beanspruchen können, ob er sich seiner Vergangenheit stellen oder, mit welchen Gründen auch immer, ihr verweigern will.

In der Debatte über den Umgang mit den Stasi-Akten ist wiederholt gesagt worden, daß ihre Offenlegung das ohnehin weitgehend zerstörte Selbstwertgefühl der ehemaligen DDR-Bürger noch weiter unterminiere. Diese schützende Geste weist meines Erachtens in eine verkehrte Richtung. Das Überlegenheitsgefühl der meisten Westdeutschen gegenüber den Ostdeutschen ist ohnehin vorhanden, so wie sich viele Bürger der fünf neuen Bundesländer auch ohne Stasi-Akten als «Deutsche zweiter Klasse» fühlen. Wir werden dieses Gefälle nicht dadurch beseitigen, daß wir so tun, als ob die Ostdeutschen nur etwas anders geartete Bundesbürger wären – dieses «So-tun-als-ob» hat in der DDR lange genug Unheil angerichtet. Es bringt uns auch nichts, wenn wir so tun, als hätten die ehemaligen DDR-Bürger vierzig Jahre Rechtsstaat hinter sich, sondern beide Seiten müssen lernen, die Beschädigungen der Ostdeutschen, ihre Identität und ihre eigene Art zu leben, zu akzeptieren. (Die ganz andersartigen Entfremdungserscheinungen in Deutschland-West werden ja ohnehin von Einsichtigen nicht geleugnet und werden zu anderer Zeit auch wieder Thema sein.)

Die entscheidende Herausforderung an uns Ostdeutsche ist, ob wir die Kraft und das Selbstbewußtsein aufbringen, vor unserer Geschichte nicht davonzulaufen, sondern uns ihren guten und schlechten Seiten zu stellen. Wir haben keine andere Vergangenheit einzubringen, als *diese* Vergangenheit. Gerade das Ernstnehmen der erlittenen Beschädigungen und Entfremdungsprozesse könnte bereits ein Element der Gesundung sein. Wir müssen den Mut finden, unseren westdeutschen Landsleuten zu sagen, daß wir zwar einiges für die Freiheit getan haben, aber in der Freiheit nicht unbeschädigt ankommen können, daß wir so aufgenommen werden wollen, wie wir kommen, also nicht als weiße, unbeschriebene Blätter, sondern *mit* unserer Vergangenheit. Nur auf diesem Weg wird es gelingen, ein neues Selbstwertgefühl zu gewinnen – und nicht durch ein schamvolles Verschweigen unserer Herkunft.

Wir sollten uns dabei zugleich unserer Stärken bewußt werden, die wir unter diesem unglaublichen Druck und unter dieser, einem Außenstehenden kaum zu vermittelnden, Entfremdung bewahrt oder entwickelt haben. Wir waren zwar ein Volk, das in sich gespalten, korrumpiert, zum Teil lethargisch und depressiv war, aber das sich gleichzeitig eine tiefe Sehnsucht und Hoffnung erhalten hat, aus der es die Kraft des Aufbegehrens entwickeln konnte. Diese ambivalente Existenz ist den Menschen in den westlichen Demokratien völlig unbekannt und deshalb schwer von uns durch Worte zu vermitteln. Viele ehemalige DDR-Bürger empfinden sich deshalb oft als ratlos, weil sie eine tiefe Wahrheit in sich spüren und sie dennoch nicht weitergeben können. Wie sollen wir jemandem von der Sehnsucht nach Freiheit und der elementaren Hoffnung auf Demokratie erzählen, der das niemals in sich gespürt hat? Wie sollen wir den Grad der Abhängigkeit in Schulstuben und Kadergesprächen jemandem vermitteln, der davon überhaupt keine Vorstellung hat? Wo Erfolg und die Fähigkeit, etwas auf den Weg zu bringen, zählen, wird leicht die Kraft von Sehnsucht und Hoffnung unterschätzt, die in der Lage sind, das eigene Leben zu verändern und eine Gesellschaft vollkommen umzustürzen.

Diese Kraft brauchten die Menschen in den westlichen Bundesländern niemals aufzubringen – und deshalb haben wir ihnen hier etwas Großes voraus. Mit einem Wort Richard von Weizsäckers ist in der ehemaligen DDR «ein merkwürdig seltener Tcil jenes guten Deutschlands aufgehoben, das für Freiheit und Gerechtigkeit kämpfen mochte und konnte». Das Bewußtsein, daß wir aus eigener Kraft eine selbst von westlichen Politikern als unveränderlich angesehene Diktatur gestürzt haben, sollte uns Stärke verleihen – ohne jedoch zu vergessen, daß diese aus dem Leiden erwachsen ist. Stärke und Schwäche der Ostdeutschen bilden in meinen Augen einen unauflösbaren Zusammenhang.

Meine Arbeit als Sonderbeauftragter für die Stasi-Akten hat deshalb auch etwas mit Befreiung zu tun. Genauso wenig wie man die Demokratiebewegung in der DDR richtig verstehen kann ohne die tiefe Sehnsucht nach Freiheit, so ist auch meine Arbeit auf diesem Gebiet nicht zu verstehen ohne den Willen, die Freiheit *endgültig* zu erringen. Es reicht nicht, wenn die Stasi zerschlagen ist und die Archive geschlossen sind, sondern wir müssen uns zugleich von den *seelischen* Ketten und Bindungen befreien. Nachdem die äußere Unterdrückung gefallen ist, müssen nun die inneren Deformationen kuriert werden, was mit Sicherheit lange Zeit in Anspruch nehmen wird. Zur wirklichen Befreiung gehört, daß die Seele der politischen Entwicklung hinterhergekommen ist. Und so, wie unsere Seelen, wenn wir in ein fremdes Land in den Urlaub fahren, oftmals erst mit Verspätung ankommen, werden die Gefühle und die Seelen der Menschen aus der ehemaligen DDR eine längere Zeit brauchen, um in der Staatsform der Demokratie zu Hause zu sein.

Ausschlaggebend für die Arbeit mit den Stasi-Akten ist letztlich unser Wille, das auf der Straße Begonnene fortzusetzen, indem wir auch das Herrschaftswissen der Staatssicherheit brechen. Wir wollen das Wissen gewinnen, das die Mächtigen über uns hatten, um uns selber zu befreien. Insofern ist unsere Arbeit auch Teil eines großen therapeutischen Prozesses, indem wir uns der Verstrickungen und Verletzungen erinnern, der frühen und lang andauernden Ängste, der Alpträume und der Wut, die wir nach dem Sturz der SED so schnell wieder versteckt und verdrängt haben.

Es geht darum, daß jeder einzelne sich öffnet für seine zwiespältige Vergangenheit. Wie heilsam es ist, nicht den eigenen Tränen davonzulaufen, haben die Tage und Wochen nach der Öffnung der Mauer gezeigt. Damals wurde in diesem Land viel geweint, und plötzlich löste sich in den meisten Menschen etwas von diesem unglaublichen Druck, unter dem sie vorher gestanden hatten. Auch im privaten Leben hat wahrscheinlich jeder schon einmal die Erfahrung gemacht, daß man die Zukunft besser gestalten kann, wenn man eine Krisensituation ernst nimmt, als wenn man sie ausblendet und verdrängt. Wir sollten uns nicht unterfordern, indem wir unsere eigenen Möglichkeiten, mit unserer Vergangenheit fertig zu werden, ungenutzt lassen, sondern uns vor Augen führen, daß man auch die allergrößten Anstrengungen meistern kann, wenn man wirklich dazu entschlossen ist.

Eine Begegnung mit der Vergangenheit ist immer auch eine Konfrontation mit dem eigenen Versagen. Dennoch müssen wir uns den Gefühlen und Erfahrungen so nähern, wie sie wirklich waren. Auch wenn es schmerzt, sollten wir im privaten Bereich, in den Familien, im Freundeskreis oder am Arbeitsplatz zu sprechen beginnen und dabei der eigenen Mangelhaftigkeit ins Auge sehen. Vielleicht führt uns gerade dieses Eingeständnis auch zu unserer Hoffnung, die uns trotz aller negativen Erfahrungen über Jahrzehnte glauben ließ, daß eine Veränderung möglich sei; vielleicht führt gerade sie uns wieder zu unserem Zorn und unserer Sehnsucht, die uns im Herbst 1989 auf die Straße trieben.

Diese oftmals schmerzliche Aussöhnung mit sich selbst könnte auch die Basis sein, auf jene zuzugehen, die aktiv an Unterdrückung und Entfremdung mitgewirkt haben. Ein entscheidender Schritt bei der Auseinandersetzung mit der Vergangenheit ist das offene Gespräch zwischen Tätern und Opfern. Wenn sich ein inoffizieller Mitarbeiter offenbart, herrscht in der Regel Sprachlosigkeit, doch einzelne Situationen haben gezeigt, daß dies der Anfang einer gemeinsamen Aufarbeitung sein kann. Als in einer der letzten Volkskammersitzungen ein Abgeordneter der PDS zugab, inoffizieller Mitarbeiter der Stasi gewesen zu sein, entstand in aller Öffentlichkeit eine solche Situation, in der statt Beschimpfungen und Schuldzuweisungen auf einmal die Möglichkeit zum Gespräch eröffnet wurde. Zu diesem Schritt hatte ihn wahrscheinlich die Frage geführt, was ihm für die Zukunft mehr Freiheit gibt – eine angstvolle Vertuschungsstrategie oder das Risiko der Offenheit.

Entscheidend ist, *wie* sich der einzelne seiner Vergangenheit stellt: Wer immer noch behauptet, das sei doch eigentlich selbstverständlich gewesen, was er gemacht habe, wer sagt, im Grunde genommen habe er nur den Mitmenschen mit seiner Tätigkeit gedient, indem er sie vor Schlimmerem bewahrte, wer solche Begründungen und Ausreden von sich gibt, darf sich nicht wundern, wenn seine Zuhörer, seine Opfer oder die Menschen in seiner Umgebung zornig werden. Aber wer seine eigene Verstrickung erkennt und zugibt, wer über die Entwürdigung spricht, der er mit seiner Tätigkeit unterlegen ist, wer seine Angst beschreibt, von seinen Tränen und inneren Kämpfen erzählen und so den anderen zeigen könnte, was sich wirklich abgespielt hat, der würde mit Sicherheit nicht als Feind verurteilt werden, sondern wäre als Gesprächspartner akzeptiert. Wo Betroffenheit erkennbar wird, kann Nähe entstehen, doch wo Verteidigungswälle errichtet werden, entstehen Distanz und der Wille, diese durch Angriffe zu überwinden.

Die Gesellschaft schließt niemanden aus, der klar zu erkennen gegeben hat, an welchem Punkt seines Lebens er versagt hat. Denn es ist viel leichter, mit solchen Menschen die Zukunft zu planen als mit Personen, die permanent das Normale und Alltägliche dessen beweisen wollen, was alles andere als normal und alltäglich war. Die Voraussetzung für einen Neuanfang der Täter und der ins Stasi-Netz Verstrickten ist ihre Bereitschaft zum offenen Gespräch. Dazu gehört Mut, aber in Krisensituationen geht es nicht ohne Risiko, und wer dieses scheut, wird auch die Zukunft nicht in wirklicher Freiheit erleben, sondern sein Leben lang von der Angst, entdeckt zu werden, beherrscht bleiben. Jeder einzelne muß für sich entscheiden, ob er einer angstbesetzten Form von Zukunftsgestaltung das Wort redet oder ob er eine risikovolle Phase der Offenheit akzeptiert, die ihm allein den Weg zur wirklichen Freiheit eröffnen kann.

Spurensuche in der Vergangenheit

Alltag einer Behörde

Man mag es als ein Omen betrachten: Als am 3. Oktober 1990 die DDR der Bundesrepublik Deutschland beitrat, war die erste Bundesbehörde, die im «Beitrittsgebiet» ihre Arbeit aufnahm, die des «Sonderbeauftragten der Bundesregierung für die personenbezogenen Daten des ehemaligen Staatssicherheitsdienstes». Es waren die Stasi-Akten, die die untergegangene DDR dem vereinigten Deutschland zuallererst in die Wiege legte.

Noch vor der Vereinigung hatten die demokratisch gewählten Abgeordneten der Volkskammer versucht, dieses unheimliche Erbe aus eigener Kraft zu ordnen: Am 24. August 1990 verabschiedeten sie nahezu einstimmig ein Gesetz, das den Umgang mit den Stasi-Akten regeln sollte. Dessen Kerngedanke war es, die Akten nicht nur für eine juristische, sondern auch für die historische und politische Aufarbeitung der Vergangenheit zu nutzen; darüber hinaus erlaubte es jedem von der Stasi bespitzelten, eingeschüchterten oder verfolgten Bürger weitgehend unbeschränkt, sich darüber zu informieren, was die Stasi über ihn gespeichert und mit welchen Methoden sie ihm geschadet hatte.

Leider ist es nicht gelungen, dieses Gesetz als fortgeltendes Recht in den Einigungsvertrag mit aufzunehmen. Sowohl von westlicher als auch von östlicher Seite wurden starke Sicherheitsbedenken gegen die im Volkskammergesetz vorgesehenen Nutzungsmöglichkeiten vorgetragen. Der damalige Ministerpräsident der DDR, Lothar de Maizière, befürchtete sogar Mord- und Totschlag in der DDR-Bevölkerung, wenn der Gesetzgeber eine großzügige Regelung zur Einsicht in die Akten erlauben würde. Auf bundesdeutscher Seite wurde dagegen bevorzugt mit dem Personendatenschutz argumentiert. Immer wieder war die Sorge zu spüren, daß Informationen aus den Stasi-Akten dazu benutzt werden könnten, um verunsichernd im öffentlichen Leben zu wirken. Vor allem die gespeicherten Dossiers über Personen aus der Politik wurden als brisantes Material eingeschätzt, das gerade in der Zeit vor den ersten Wahlen im vereinten Deutschland durch eine großzügige Benutzungsordnung seine Sprengkraft entfalten könnte. Zwar wurde der Plan, die Stasi-Akten einfach dem Koblenzer Bundesarchiv einzugliedern, durch heftige Proteste gerade noch verhindert, doch das Resultat all dieser Bedenken waren äußerst restriktive Bestimmungen zur Nutzung der Stasi-Akten; mit den Festlegungen des Einigungsvertrages hat der Gesetzgeber eine wirkliche Auswertung des Aktenmaterials, wie sie das Volkskammergesetz vorsah, weitgehend verhindert.

Mit der historischen und politischen Aufarbeitung der Stasi-Vergangenheit ist deshalb bislang eigentlich noch gar nicht begonnen worden – selbst dort nicht, wo es gar nicht um personenbezogene Akten geht, sondern um das «strategische» Schriftgut des MfS. Zuversichtlich stimmt jedoch ein Zusatzpassus im Einigungsvertrag, der allerdings erst auf Drängen des ersten frei gewählten Parlaments der DDR und der Bürgerkomitees in den Einigungsvertrag aufgenommen wurde. Wörtlich heißt es darin:

«Zu der Frage der weiteren Vorgehensweise hinsichtlich der vom ehemaligen Staatssicherheitsdienst der DDR gewonnenen personenbezogenen Informationen stellen die Regierungen der beiden Vertragsparteien übereinstimmend fest:

1. Sie erwarten, daß der gesamtdeutsche Gesetzgeber die Grundsätze, wie sie in dem von der Volkskammer am 24. August 1990 verabschiedeten Gesetz über die Sicherung und Nutzung der personenbezogenen Daten des ehemaligen Ministeriums für Staatssicherheit/Amtes für Nationale Sicherheit zum Ausdruck kommen, umfassend berücksichtigt.

2. Sie erwarten, daß der gesamtdeutsche Gesetzgeber die Voraussetzungen dafür schafft, daß die politische, historische und juristische Aufarbeitung der Tätigkeit des ehemaligen Ministeriums für Staatssicherheit/Amtes für Nationale Sicherheit gewährleistet bleibt.

3. Sie gehen davon aus, daß ein angemessener Ausgleich zwischen
   – der politischen, historischen und juristischen Aufarbeitung,
   – der Sicherung der individuellen Rechte der Betroffenen und
   – dem gebotenen Schutz des einzelnen vor unbefugter Verwendung seiner persönlichen Daten geschaffen wird. (...)

9. Die Regierungen der beiden Vertragsparteien gehen davon aus, daß die Gesetzgebungsarbeit zur endgültigen Regelung dieser Materie unverzüglich nach dem 3. Oktober 1990 aufgenommen wird. Dabei soll das Volkskammergesetz in Verbindung mit dem Einigungsvertrag als Grundlage dienen.»

Schon das Volkskammergesetz sah einen Beauftragten für die Stasi-Akten in der Berliner Zentrale und Landesbeauftragte für die Außenarchive vor. Aus verfassungsrechtlichen Gründen hat der Einigungsvertrag die Verantwortung für die Akten nicht geteilt, sondern die Position eines zentralen Sonderbeauftragten für alle Stasi-Akten vorgeschlagen, dessen Arbeit von Beauftragten in den fünf neuen Ländern unterstützt wird. Sie haben allerdings nicht das Recht zur Akteneinsicht oder zur eigenständigen Arbeit mit den auf ihrem Territorium lagernden Akten. Ob die Länder mit der Regelung, lediglich einen Landesbeauftragten für die Arbeit mit den Stasi-Akten benennen zu dürfen, einverstanden sein werden, bleibt abzuwarten. Für die praktische Arbeit, das heißt gegenwärtig, für die Überprüfungs- und Auskunftstätigkeit der Behörde ist die zentrale Verantwortung aber von Vorteil. Der Sonderbeauftragte soll nach dem Einigungsvertrag ein DDR-Bürger sein, den die letzte DDR-Regierung vorgeschlagen, die Volkskammer nahezu einstimmig gewählt und die Bundesregierung schließlich berufen hat.

Schon der langatmige und etwas umständliche Titel der Behörde zur Verwaltung der Stasi-Akten läßt die Größenordnung, die Komplexität, aber auch die Einmaligkeit ihres Amtsauftrages erahnen. Rund 1000 Mitarbeiter sollen die 180 Kilometer Stasi-Akten in Zukunft bewachen, verwalten und aufarbeiten. Derzeit sind allerdings erst etwa 170 Personen in der Behörde beschäftigt, das Wachpersonal – rund 50 Personen – eingeschlossen. An der großen Zahl der Bewerbungen auf unsere Stellenausschreibungen – wir haben bisher rund 11 000 Zuschriften erhalten – läßt sich das außerordentliche Interesse der ehemaligen DDR-Bürger an der Arbeit mit den Stasi-Akten ablesen. In der Anfangsphase unserer Tätigkeit arbeiteten vor allem Bürgerinnen und Bürger in unserer Behörde, die bereits während der Auflösungsphase des Ministeriums für Staatssicherheit Erfahrungen mit diesem Apparat gesammelt hatten. Einige von ihnen wirkten beispielsweise im staatlichen Komitee zur Auflösung der Staatssicherheit mit, andere im Sonderausschuß der Volkskammer zur Kontrolle der Auflösung der Staatssicherheit, wieder andere in entsprechenden Arbeitsgruppen der Bürgerkomitees oder in der Untersuchungskommission gegen Korruption und Amtsmißbrauch. Weil diese Mitarbeiter in der Regel bereits in der ersten Phase der Sichtung und Ordnung des Stasi-Materials tätig geworden sind, haben sie sich wichtige Detailkenntnisse erworben und sind gleichsam zu Stasi-Experten herangereift. Den Amtsauftrag unserer Behörde, die Stasi-Vergangenheit – wenn auch sehr eingeschränkt – aufzuarbeiten, erfüllen in dieser Anfangsphase also zumeist keine ausgebildeten Juristen und Archivare, sondern beispielsweise ein Klempner oder ein ehemaliger Theaterleiter, ein Theologie-Student oder ein Physiker, ein Pfarrer, eine Lehrerin und eine Fotografin.

Bewußt beschäftigen wir auch eine betont kleine Gruppe von ehemaligen Mitarbeitern der Staatssicherheit weiter. Es sind ausnahmslos Personen, die seit Monaten bei der Auflösung hilfreich waren. Wir können auf ihre Spezialkenntnisse in bestimmten Abteilungen und im Archivwesen des MfS nicht verzichten, denn nicht selten gleichen die langwierigen Nachforschungen im ungeordneten Material der sprichwörtlichen Suche nach der Stecknadel im Heuhaufen. Besonders bei komplizierten Überprüfungsfällen, bei der Interpretation von Informationen aus Unterlagen und bei der Verknüpfung von Informationen aus unterschiedlichen MfS-Bereichen ist ihre Mitarbeit wichtig. Wir brauchen sie, um dem gesetzlichen Auftrag in ausreichender Qualität entsprechen zu können. Diese ehemaligen Stasi-Mitarbeiter haben aber nicht die Möglichkeit, eigenständig mit den Akten zu arbeiten oder gar Manipulationen vorzunehmen. Wir sind uns bei diesen Kollegen auch sicher, daß sie derartige Manipulationsversuche nicht vornehmen würden, wenn sie Gelegenheit dazu hätten. Sie verhalten sich äußerst kooperativ und loyal und sind sich bewußt, daß sie mit ihrer jetzigen Tätigkeit eine Möglichkeit zu einem Neuanfang haben. Bei ehemaligen, nach der Wende untergetauchten Kollegen gelten sie allerdings als «Verräter» – so der Tenor anonymer Anrufe bei diesen Mitarbeitern.

Ein Aufbaustab, den das Bundesinnenministerium gebildet hat, ist für die Personalgewinnung, Organisation und Finanzen zuständig. Die Zusammenarbeit mit den westdeutschen Kollegen ist unproblematisch, allerdings dauerte es seine Zeit, bis wir eine gemeinsame Sprache fanden. Eine Faustregel hat sich bisher bewährt: Je dichter die Schreibtische nebeneinander stehen, desto besser klappt die Verständigung. Für Rückfragen von östlicher Seite sorgen beispielsweise immer wieder die Tücken des komplizierten «Amtsweges» mit seinen für westdeutsche Beamte völlig ausgetretenen Pfaden, die in unseren Augen aber geradezu wie ein Labyrinth erscheinen.

Zur Zeit arbeiten etwa vierzig erfahrene Beamte aus der alten Bundesrepublik in der Behörde, viele von ihnen werden allerdings nach der Aufbauphase in ihre früheren Dienststellen zurückkehren. Ob die darüber hinaus geplanten dreißig Stellen für Beamte aus Westdeutschland ausreichen, ist unsicher, da insbesondere die Abteilungsleiter, aber auch einige Referatsleiter Juristen sein müssen, die sich im Rechts- und Verwaltungssystem der Bundesrepublik auskennen. Für die wahrscheinlich notwendig werdende Aufstockung des Personalplans brauchen wir aber entsprechende Mittel, denn wie die anderen Berliner Behörden können wir Bewerbern aus dem alten Bundesgebiet, die in ein Angestelltenverhältnis übernommen werden sollen, nur Ost-Gehälter anbieten.

Die Behörde gliedert sich in drei Abteilungen: Die sogenannte Z-Abteilung ist für Personalorganisation, Haushalt und Beschaffung zuständig, die zweite Abteilung für die Archive, die Verwaltung, die fachliche Betreuung und die archivarischen Arbeiten vor Ort. Die dritte Abteilung verantwortet die Auskunfstätigkeit der Behörde gegenüber den Bürgern und anderen Behörden wie Gerichten, Staatsanwaltschaften und öffentlichen Arbeitgebern.

Am 12. Dezember 1990 habe ich die «Vorläufige Benutzerordnung» für die Stasi-Akten erlassen, die allerdings nur das wenige fixiert, was der Einigungsvertrag zuläßt. Zur Zeit dürfen wir nämlich lediglich auf Antrag tätig werden. In der Benutzerordnung liest sich das so:

«Bis zum Erlaß einer endgültigen Regelung zur Nutzung der Unterlagen dürfen personenbezogene Daten nur für folgende Zwecke übermittelt und genutzt werden:

1. Für Zwecke der Wiedergutmachung und der Rehabilitierung von Betroffenen,
2. zur Feststellung einer offiziellen oder inoffiziellen Tätigkeit für das ehemalige MfS/AfNS, und zwar
    a) für die Überprüfung von Abgeordneten und Kandidaten für parlamentarische Mandate mit Zustimmung der Betroffenen,
    b) für die Weiterverwendung von Personen im öffentlichen Dienst, die beim Wirksamwerden des Beitritts der neuen Bundesländer in der öffentlichen Verwaltung der ehemaligen DDR oder des

Teils von Berlin, in dem das Grundgesetz bisher nicht gegolten hat, als Arbeitnehmer beschäftigt waren, mit deren Kenntnis und

c) für die Einstellung von Personen in den öffentlichen Dienst und für Sicherheitsüberprüfungen mit Zustimmung der Betroffenen,

3. zur Verfolgung von Straftaten im Zusammenhang mit der Tätigkeit des ehemaligen MfS / AfNS,

4. zur Aufklärung und Verfolgung der in Artikel 1 §2 Abs. 1 des Gesetzes zur Beschränkung des Brief-, Post- und Fernmeldegeheimnisses (Gesetz zu Artikel 10 des Grundgesetzes) genannten Straftaten durch Strafverfolgungsbehörden und andere Behörden im Rahmen ihrer gesetzlichen Aufgaben sowie

5. zur Abwehr einer gegenwärtigen oder drohenden Verletzung des Persönlichkeitsrechts des Betroffenen.»

Alle anderen Nutzungsaufträge werden zur Zeit abgelehnt, auch wenn wir als Bearbeiter der Meinung sind, daß die Antragsteller ein moralisches Recht haben, ihre Akten zu kennen. Da der Einigungsvertrag grundsätzlich bestimmt: «Die Akten sind gesperrt», gelten nur die oben genannten Ausnahmen. Eine weitere Einschränkung unserer Arbeitsmöglichkeit liegt in der Bestimmung des Einigungsvertrages, daß wir nur dann handeln dürfen, wenn es unaufschiebbar und unabdingbar ist, eine Auskunft zu erteilen.

Nach den Festlegungen des Einigungsvertrages hat der einzelne Bürger nicht das Recht, seine Akte selbst einzusehen, ebensowenig sein Rechtsanwalt. Unter Umständen kann jedoch dann eine Akteneinsicht gewährt werden, wenn die Auskunft, die etwa Behörden oder Parlamente erbitten, von diesen als nicht ausreichend erachtet wird. Für die Ermittlungstätigkeit der Staatsanwaltschaften und Gerichtsverfahren stehen die Akten ebenfalls zur Verfügung. Wegen der zentralen Zuständigkeit der Berliner Behörde müssen Anträge auf Überprüfung einer Akte grundsätzlich in Berlin gestellt werden. Wenn der Antrag berechtigt ist, überprüfen wir die Akte des Antragstellers im Zentralarchiv und in den Außenarchiven, in denen der Betroffene erfaßt worden sein könnte, auf Hinweise für eine offizielle oder inoffizielle Tätigkeit des Antragstellers für das MfS.

Dazu wird zunächst die sogenannte F 16-Kartei befragt, die den Klarnamen des Betroffenen enthält und somit das Haupteingangstor in das Suchsystem ist; sie zeigt, ob der Antragsteller überhaupt vom MfS bearbeitet worden ist. Erst die nächste Kartei, die F 22, enthüllt, ob es sich um einen IM oder um einen operativen Vorgang handelt, also um einen Spitzel oder ein Opfer. In dieser Kartei tauchen der Deckname und die Aktennummer auf, unter der im Archiv weiterzusuchen ist, außerdem enthält die F 22-Kartei Verweise, ob und, wenn ja, in welchen Außenarchiven der Bezirksverwaltungen weitere Akten gelagert sind. Ist diese Karte exakt geführt, kann schon in Berlin geklärt werden, ob und wo der Mitarbeiter fündig werden kann. Unabhängig davon, wo ein Antragsteller seinen Wohnort hat, prüfen wir aber grundsätzlich jeden Antrag auch in den Außenarchiven, denn es kommt gelegentlich vor, daß eine Bearbeitung in einer Bezirksverwaltung ausnahmsweise doch nicht im Zentralarchiv registriert worden ist.

Nur rund zwanzig Personen arbeiten zur Zeit im Zentralarchiv in der Berliner Normannenstraße mit den Akten. Zwölf von ihnen suchen die Akten eines Antragstellers über die beiden Karteisysteme im Magazin; sehr wenige Mitarbeiter öffnen die Akten, lesen sie und verfasssen nach einheitlichen Kriterien einen Bericht an die Zentrale. Niemals verantwortet nur eine Person den Bericht, vier Augen lesen mehr und exakter als zwei. Der interne Bericht ist die Grundlage des Antwortschreibens, das der Antragsteller von unserer Zentrale erhält. Die Auskunft kommt auch dann aus Berlin, wenn die internen Berichte in den Außenarchiven erarbeitet wurden. Rund 120 Briefe verlassen täglich unsere Behörde. Außer den Gutachten – manchmal sind es «Persilscheine», manchmal aber auch «blaue Briefe» – müssen wir vielen Bürgern Absagen schreiben, weil sie nicht zu den Personengruppen gehören, die berechtigt sind, einen Antrag zu stellen. Bei unseren Auskünften handelt es sich wohlgemerkt um Gutachten, nicht um Urteile, die demjenigen, der die Auskunft erbittet, bestimmte Konsequenzen zwingend vorschreiben könnten. Es ist also durchaus vorstellbar, daß eine Behörde des öffentlichen Dienstes, die um Überprüfung eines Beamten gebeten hat, oder eine Fraktion, die Auskunft haben möchte über einen Parlamentarier, den Überprüften einstellen beziehungsweise weiterbeschäftigen, obwohl unser Gutachten belastende Aussagen enthält. Auf die politische Bewertung unseres Gutachtens gerade bei Personen des öffentlichen Lebens haben wir keinerlei Einfluß. Dies wird insbesondere dann als problematisch empfunden, wenn, wie im Fall de Maizière, in der Öffentlichkeit bereits bekannt ist, daß eine MfS-Belastung vorliegt und gleichwohl weder angemessene Konsequenzen gezogen werden noch eine ausreichende Informationsbereitschaft besteht.

Die Arbeit der Behörde des Sonderbeauftragten wird durch den gesetzlichen Rahmen bestimmt und begrenzt. Kein Ministerium darf fachliche Weisungen erteilen, der Gesetzgeber wollte eine unabhängige Behörde schaffen; der Sonderbeauftragte unterliegt lediglich der Rechtsaufsicht der Bundesregierung. Diese wird wahrgenommen vom Bundesministerium des Innern.

Viele Bürger in der ehemaligen DDR, vor allem die Opfer der Staatssicherheit, verstehen die drastischen Beschränkungen unserer Arbeit nicht. Sie kritisieren die Behörde, weil sie nicht so umfassend Auskunft erteilt, wie sie es sich wünschen und weil die Beantwortung eines Antrags oft lange auf sich warten läßt. Trotz dieser Vorbehalte haben wir bis Februar 1991 für über 30000 Personen Anträge auf Überprüfung erhalten. Mit dem Personalstamm einer funktionierenden Behörde wäre diese Antragsflut vielleicht fristgerecht abzuarbeiten, aber nicht mit einem Personalbestand einer Behörde, die sich erst im Aufbau befindet. Obwohl bereits mehr als 10000 Personen überprüft wurden, wächst der Stapel unerledigter Anträge noch, denn im öffentlichen Dienst wird derzeit kaum jemand ohne Überprüfung auf eine Stasi-Mitarbeit eingestellt, handelt es sich nun um einen hochrangigen Polizisten oder um eine Lehrerin. Das ist die Praxis in allen fünf neuen Ländern und in Ost-Berlin.

Zwar sind viele Bürger über die verzögerte Auskunft verärgert, doch der deutlichere Unmut richtet sich gegen das Verbot, die eigene Akte lesen zu dürfen. Oft entsteht ein ohnmächtiger Zorn darüber, nicht an das heranzukommen, was eigentlich den Opfern gehört – nämlich die Informationen über das eigene Leben, die die Stasi ihnen gestohlen hat. Gewiß gibt es in der alten DDR viele Menschen, die selber stark oder weniger stark mit dem Ministerium für Staatssicherheit verflochten waren und heute Angst vor einer Öffnung der Archive haben. Aber die deutlich größere Zahl von Menschen war Opfer dieses monströsen Apparates und hat deshalb das Recht zu wissen, was die Stasi illegitimerweise in ihrem Archiv über sie gespeichert hat. Dieses Recht wollen sie sich von niemandem wegnehmen lassen und erwarten deshalb vom Gesetzgeber des vereinten Deutschland eine generelle Erweiterung der Zugangsrechte zu den Akten.

Nicht nur viele Antragsteller sind mit unseren beschränkten Arbeitsmöglichkeiten unzufrieden, auch einige unserer Mitarbeiter aus den früheren Bürgerkomitees fordern, daß endlich jeder Bürger seine Akten lesen darf und daß zügig mit der historischen und politischen

Aufarbeitung der Stasi-Vergangenheit begonnen wird. Sosehr ich solche Forderungen unterstütze, der Gesetzgeber läßt das zur Zeit nicht zu, und das Prinzip der Rechtsstaatlichkeit gebietet, nur in dem Rahmen zu arbeiten, den uns der Einigungsvertrag abgesteckt hat. Wir sichern also die Akten und nutzen sie für bestimmte berechtigte Antragsteller. Eine deutlich erweiterte Nutzungsmöglichkeit im neuen Gesetz wird die Unzufriedenheit abbauen – der Behörde allerdings eine noch größere Arbeitsflut bescheren.

Unzufrieden mit der bestehenden Rechtslage, wenngleich aus ganz anderen Gründen, ist auch der Verfassungsschutz. Obwohl der Einigungsvertrag in den Stasi-Archiven kein Betätigungsfeld für Verfassungsschützer sieht, kommen aus dieser Richtung Erwägungen über einen «eingegrenzten und kontrollierten Zugang» zu den Stasi-Akten aufgrund seines «gesetzlichen Auftrags». Nach wie vor ist auch ungeklärt, wieso ein Datenbestand, nämlich eine namentliche Aufstellung der hauptamtlichen Mitarbeiter des MfS, vom Bundesamt für Verfassungsschutz nicht an uns herausgegeben wird, obwohl diese rechtlich in unsere Behörde gehört. Möglicherweise haben ehemalige hauptamtliche Mitarbeiter das Datenmaterial gestohlen und damit versucht, sich einen neuen Start zu verschaffen. Das Beiseiteschaffen von Stasi-Akten war aber zu keiner Zeit und insbesondere nicht nach Errichtung eines demokratisch legitimierten Staatswesens legal. Der Gesetzgeber wollte laut Einigungsvertrag die Akten einer Spezialbehandlung unterziehen, das heißt, er hat sie grundsätzlich gesperrt, streng gesichert und erlaubt sie nur in genau definierten Fällen zu nutzen. Diese Bestimmungen gelten bis zur Verabschiedung eines neuen Gesetzes, und daran müssen sich alle halten – auch der Verfassungsschutz.

Für die künftige gesetzliche Regelung zum Umgang mit den Stasi-Akten wünschen wir uns gerade an diesem heiklen Punkt sehr viel Besonnenheit und Einfühlungsvermögen der Abgeordneten aller Fraktionen. Prinzipiell ist nichts gegen eine Zusammenarbeit zweier Behörden zu sagen, die ihren gesetzlichen Auftrag exakt erfüllen. Ob es allerdings der Bevölkerung der neuen Bundesländer nach den 45 Jahren SED/MfS-Herrschaft zuzüglich der zwölfjährigen Nazi-Diktatur heute möglich ist, dem Verfassungsschutz unbefangen und ohne Angst zu begegnen, ist äußerst fraglich. Die Opferakten sollten für den Staat und seine Organe ohnehin tabu sein. Für die Nutzung der Unterlagen über offizielle und inoffizielle Mitarbeiter der Staatscherheit und für alle Arten von Überprüfungen sollten Verfahren entwickelt werden, die mögliche Berührungen zwischen Verfassungsschutz und MfS-Hinterlassenschaft auf ein Minimum des Unumgänglichen reduzieren, wenn sie nicht völlig auszuschließen sind. Es wäre politisch zum Beispiel sinnvoll, in den neuen Bundesländern nur überschaubare Landesämter zu errichten. Allein schon dadurch könnten Ängste abgebaut werden. Wenn in den neuen Ländern nach einigen Jahren positive Erfahrungen vorliegen sollten und ein demokratisch kontrollierter Geheimdienst kein Angstfaktor mehr ist, könnte immer noch überprüft werden, ob eine restriktive Regelung beibehalten oder verändert werden sollte.

Akteneinsicht als Bürgerrecht

Konturen eines überfälligen Gesetzes

Noch in diesem Jahr sollte der Gesetzgeber ein Gesetz über die endgültige Nutzung der Stasi-Akten erlassen. Eile ist geboten. Warum?

Zum einen legt schon die Zusatzvereinbarung des Einigungsvertrages in Artikel 1.9 fest, daß die Gesetzgebungsarbeit zur endgültigen Regelung dieser Materie unverzüglich nach dem 3. Oktober 1990 aufgenommen werden soll. Darüber hinaus werden bei der Archivierung und Aufarbeitung der Stasi-Akten beinahe täglich Sachverhalte und Tatbestände offenbar, die für Gerichte, Staatsanwälte, andere Behörden sowie betroffene Bürger wichtig sein können. So geraten mitunter Wirtschaftsverbindungen des MfS, die bisher verborgen geblieben sind, sowie Personen, die das MfS mit gewichtigen Aufgaben im In- und Ausland betraut hat, ins Blickfeld der Archivmitarbeiter. Dieses Wissen kann aber gegenwärtig nicht genutzt werden, selbst wenn es sich um schwere Straftaten wie Mord handeln würde. Derartige Informationen können wir nämlich nur dann bearbeiten, wenn uns ein Antrag einer berechtigten Person dazu vorliegt – eigene Ermittlungen gestatten uns die Bestimmungen des Einigungsvertrages nicht.

Äußerst unbefriedigend ist auch, daß Rehabilitierungsersuchen von Bürgern, die nicht über ein gerichtliches Verfahren abgewickelt werden, derzeit nicht als berechtigte Anträge gelten. Jeder Bürger sollte sich meines Erachtens umfassend über das, was die Stasi an Informationen über ihn gesammelt hat, informieren können, ohne daß ein besonderes rechtliches Interesse nachgewiesen werden muß. Das Bundesverfassungsgericht hat, abgeleitet von Artikel 2.1 und 1.1 des Grundgesetzes, dem Bürger bekanntlich das prinzipielle Recht zugesprochen zu erfahren, wer welche Informationen über ihn gesammelt hat. Dieses Recht sollte ganz besonders dann gelten, wenn es sich um Datensammlungen handelt, die nach unserem Rechtsverständnis illegal angelegt worden sind.

Würde die weitgehende Berechtigung der Betroffenen, sich über das zu informieren, was das MfS an Informationen über ihn gesammelt hat, zu einer Antragsflut führen, die eine sachgerechte und pünktliche Bearbeitung beeinträchtigt, sollte den Bürgern, die zeitlebens oder zeitlich begrenzt im direkten Machtbereich des Ministeriums für Staatssicherheit gelebt haben – also den ehemaligen DDR-Bürgern – vorrangige Bearbeitung zugesichert werden.

Natürlich müssen bei einem solchen umfassenden Einsichts- beziehungsweise Auskunftsrechts die schutzwürdigen Interessen Dritter beachtet werden. Da in vielen Akten über observierte Personen auch Informationen über Verwandte, Freunde und Kollegen enthalten sind, muß sichergestellt werden, daß schützenswerte private Informationen über diese unbeteiligten Dritten durch Auslassungen oder Schwärzungen auf Kopien der Originalakten unzugänglich gemacht werden. In einem solchen Fall darf dem Antragsteller nur die Kopie der Akte zur Einsicht ausgehändigt werden. Mit den schutzwürdigen Interessen unbeteiligter Dritter sind in diesem Zusammenhang aber nicht die Interessen der ehemaligen hauptamtlichen oder inoffiziellen Mitarbeiter gemeint, denn dann würde aus Datenschutz Täterschutz.

Die umfassende Berechtigung zur Auskunft beziehungsweise Einsicht bezieht sich auf alle Arten von «operativen» Akten, also Akten, die das MfS über observierte Personen angelegt hat. Allerdings kann für die Akten der inoffiziellen Mitarbeiter das Recht zur Auskunft oder Einsicht nicht in gleicher Weise gewährt werden, weil das unter Umständen dazu führen könnte, daß ein ehemaliger Informant der Stasi vergessenes «Herrschaftswissen» wiedererlangt. Allerdings muß auch der ehemalige inoffizielle Mitarbeiter, der seine Vergangenheit aufarbeiten möchte, seinen Taten anhand des relevanten Aktengutes begegnen können.

Neben der Sicherung der individuellen Auskunftsrechte sollten bestimmte Überprüfungsvorgänge im neuen Gesetz vorgegeben werden, und zwar für

– Abgeordnete und Kandidaten für einen Sitz im Parlament,
– Beamte und Angestellte im öffentlichen Dienst,
– leitende Beamte der Wirtschaft, der Verbände, Parteien und der Kirchen.

Grundsätzlich dürfen bei derartigen Überprüfungen nur Unterlagen über die offizielle und inoffizielle Tätigkeit für das MfS genutzt werden; alle Arten von Opferakten sind für diese Zwecke gesperrt. Eine

Nutzung der Stasi-Akten für nachrichtendienstliche Zwecke sollte ausgeschlossen werden.

Die Rehabilitierung der Opfer und die Strafverfolgung der Täter sind wichtige Nutzungszwecke, die schon der Einigungsvertrag weitgehend eingeräumt hat. In das neue Gesetz sollten aber auch die anderen Nutzungszwecke des Volkskammergesetzes vom 24. August 1990 aufgenommen werden, vor allem die historische und politische Aufarbeitung der Stasi-Vergangenheit. Bislang vollzieht sich die «Aufarbeitung» ja fast ausschließlich in kleineren oder größeren Enthüllungswellen, die immer dann entstehen, wenn mehr oder weniger «Eingeweihte» ihr Wissen auf spektakuläre Weise preisgeben. Das darf so nicht bleiben, denn für eine Gesundung der Gesellschaft sind Offenheit und Freiheit der Information erforderlich. Zielgerichtetes politisches Handeln, die Entscheidung zwischen mehreren Kandidaten bei Wahlen, die Auswahl von kompetenten und glaubwürdigen Politikern setzen voraus, daß die Fülle der vorhandenen Informationen auch sachgerecht genutzt werden kann, daß Strukturen dargestellt werden dürfen und Verantwortlichkeiten klar und deutlich erarbeitet werden können. Dazu ist es erforderlich, daß sich der Gesetzentwurf nicht nur auf die Stasi-Akten im engeren Sinne bezieht, sondern auch die Materialien erfaßt, die mit ihnen in einem inneren Zusammenhang stehen, also die Akten der SED, der Blockparteien und der Massenorganisationen. Da sich diese Akten in der Regel in Privatbesitz befinden, beispielsweise im SED-Archiv, muß zumindest der Zugang der Sonderbehörde zu ihnen gewährleistet werden. Nur wenn der Deutsche Bundestag diese von den Abgeordneten aller Parteien und Bürgerbewegungen der letzten Volkskammer beschlossenen Nutzungszwecke auch im neuen Gesetz festschreibt, wird er seiner historischen Verpflichtung gerecht, eine angemessene, weil sachgerechte Form der Vergangenheitsbewältigung zu ermöglichen.

Neben diesen Eckpunkten eines neuen Gesetzes sind jedoch noch eine Fülle weiterer Probleme und Detailfragen zu lösen: So sollte geprüft werden, ob der private Besitz von Stasi-Akten und jede Form der Nutzung mit Strafe bedroht werden, und zwar auch dann, wenn die Akte privatrechtlich erworben worden ist. Darüber hinaus müssen die Unabhängigkeit und Kompetenz der Sonderbehörde exakt definiert werden. Die Mitwirkung eines Beirates und eine parlamentarische Kontrolle der Behörde sind ebenso zu fixieren wie die Form der Zusammenarbeit mit dem Bundesbeauftragten für den Datenschutz und dem Bundesarchiv in Koblenz. Zu erwägen ist auch ein generelles Nutzungsverbot oder sogar eine partielle Vernichtung sehr persönlicher Informationen, die das MfS vornehmlich durch Post- und Telefonüberwachung oder Abhörmaßnahmen gewonnen hat. Dringend zu regeln ist ferner die Rückgabe geraubten Eigentums. Gegenstände unterschiedlichen Wertes, Briefe, Fotos und ähnliches, warten in den Archiven noch auf die Rückkehr zu ihren rechtmäßigen Besitzern.

Schließlich muß auch entschieden werden, ob – wie gegenwärtig – die Gesamtverantwortung für alle Stasi-Archive beim Sonderbeauftragten des Bundes liegen soll oder ob Beauftragte der Länder Teile der Verantwortung übernehmen sollen.

Darüber hinaus steht eine Frage zur Beantwortung an, die in der Vergangenheit gelegentlich zum Meinungsstreit führte: Soll ein Bescheid des Sonderbeauftragten neben der Mitteilung von Fakten auch Bewertungen und Entscheidungshilfen beinhalten? Dies wäre für manchen ungeübten Leser von Stasi-Unterlagen, der eine Personalentscheidung zu fällen hat, sicherlich eine Hilfe. Unter Umständen sollte sogar eine eigenständige Veröffentlichung von Arbeitsergebnissen der Behörde erlaubt werden, wenn eine Person, die eine Auskunft der Behörde erhalten hat, über diese Auskunft schweigt, obgleich sie verpflichtet wäre, etwa einem Arbeitgeber gegenüber, den Inhalt bekanntzugeben, oder wenn eine Person die Auskunft der Behörde in veränderter oder verfälschter Form veröffentlicht.

Der Unmut über den bisherigen Umgang mit den Stasi-Akten im vereinigten Deutschland ist groß und wächst gleichsam von Woche zu Woche. Er entzündet sich daran, daß mit dem Inkrafttreten des Einigungsvertrages, also dem Tag der Vereinigung, der Prozeß der historischen und politischen Aufarbeitung über Nacht gestoppt wurde. Viele Opfer stehen wie Bettler vor den für sie verschlossenen Archiven, und Wissenschaftler verstehen nicht, daß selbst die nicht-personenbezogenen Akten des MfS sämtlich gesperrt sind. Dieses enge Korsett muß nunmehr durch ein neues Gesetz beiseite gelegt werden, und ich bin zuversichtlich, daß dies geschehen wird.

Anhang

Gesetz
über die Unterlagen des Staatssicherheitsdienstes der ehemaligen Deutschen Demokratischen Republik (Stasi-Unterlagen-Gesetz – StUG)

Erster Abschnitt
Allgemeine und grundsätzliche Vorschriften

Zweiter Abschnitt
Erlassung der Unterlagen des Staatssicherheitsdienstes

Dritter Abschnitt
Verwendung der Unterlagen des Staatssicherheitsdienstes

Vierter Abschnitt
Bundesbeauftragter für die Unterlagen des Staatssicherheitsdienstes

Fünfter Abschnitt
Schlußvorschriften

Bundesgesetzblatt, Jahrgang 1991, Teil I, Nr. 67, S. 2272 ff
Beschlossen vom Bundestag mit Zustimmung des Bundesrates
Vom 20. Dezember 1991

Erster Abschnitt

Allgemeine und grundsätzliche Vorschriften

§ 1

Zweck und Anwendungsbereich des Gesetzes

(1) Dieses Gesetz regelt die Erfassung, Erschließung, Verwaltung und Verwendung der Unterlagen des Ministeriums für Staatssicherheit und seiner Vorläufer- und Nachfolgeorganisationen (Staatssicherheitsdienst) der ehemaligen Deutschen Demokratischen Republik, um

1. dem einzelnen Zugang zu den vom Staatssicherheitsdienst zu seiner Person gespeicherten Informationen zu ermöglichen, damit er die Einflußnahme des Staatssicherheitsdienstes auf sein persönliches Schicksal aufklären kann,
2. den einzelnen davor zu schützen, daß er durch den Umgang mit den vom Staatssicherheitsdienst zu seiner Person gespeicherten Informationen in seinem Persönlichkeitsrecht beeinträchtigt wird,
3. die historische, politische und juristische Aufarbeitung der Tätigkeit des Staatssicherheitsdienstes zu gewährleisten und zu fördern,
4. öffentlichen und nicht-öffentlichen Stellen die erforderlichen Informationen für die in diesem Gesetz genannten Zwecke zur Verfügung zu stellen.

(2) Dieses Gesetz gilt für Unterlagen des Staatssicherheitsdienstes, die sich bei öffentlichen Stellen des Bundes oder der Länder, bei natürlichen Personen oder sonstigen nicht-öffentlichen Stellen befinden.

§ 2

Erfassung, Verwahrung und Verwaltung der Unterlagen des Staatssicherheitsdienstes

Der Bundesbeauftragte für die Unterlagen des Staatssicherheitsdienstes der ehemaligen Deutschen Demokratischen Republik (Bundesbeauftragter) erfaßt, verwahrt, verwaltet und verwendet die Unterlagen des Staatssicherheitsdienstes nach Maßgabe dieses Gesetzes.

§ 3

Rechte des einzelnen

(1) Jeder einzelne hat das Recht, vom Bundesbeauftragten Auskunft darüber zu verlangen, ob in den erschlossenen Unterlagen Informationen zu seiner Person enthalten sind. Ist das der Fall, hat der einzelne das Recht auf Auskunft, Einsicht in Unterlagen und Herausgabe von Unterlagen nach Maßgabe dieses Gesetzes.

(2) Jeder einzelne hat das Recht, die Informationen und Unterlagen, die er vom Bundesbeauftragten erhalten hat, im Rahmen der allgemeinen Gesetze zu verwenden.

(3) Durch die Auskunftserteilung, Gewährung von Einsicht in Unterlagen oder Herausgabe von Unterlagen dürfen überwiegende schutzwürdige Interessen anderer Personen nicht beeinträchtigt werden.

§ 4

Zulässigkeit der Verwendung der Unterlagen des Staatssicherheitsdienstes durch öffentliche und nichtöffentliche Stellen

(1) Öffentliche und nicht-öffentliche Stellen haben nur Zugang zu den Unterlagen und dürfen sie nur verwenden, soweit dieses Gesetz es erlaubt oder anordnet. Legen Betroffene, Dritte, nahe Angehörige Vermißter oder Verstorbener, Mitarbeiter oder Begünstigte des Staatssicherheitsdienstes Unterlagen mit Informationen über ihre Person von sich aus vor, dürfen diese auch für die Zwecke verwendet werden, für die sie vorgelegt worden sind.

(2) Stellt der Bundesbeauftragte fest oder wird ihm mitgeteilt, daß personenbezogene Informationen in Unterlagen unrichtig sind, oder wird die Richtigkeit von der Person, auf die sie sich beziehen, bestritten, so ist dies auf einem gesonderten Blatt zu vermerken und den Unterlagen beizufügen.

(3) Sind personenbezogene Informationen aufgrund eines Ersuchens nach den §§ 20 bis 25 übermittelt worden und erweisen sie sich hinsichtlich der Person, auf die sich das Ersuchen bezog, nach ihrer Übermittlung als unrichtig, so sind sie gegenüber dem Empfänger zu berichtigen, es sei denn, daß dies für die Beurteilung eines Sachverhaltes ohne Bedeutung ist.

(4) Durch die Verwendung der Unterlagen dürfen überwiegende schutzwürdige Interessen anderer Personen nicht beeinträchtigt werden.

§ 5

Besondere Verwendungsverbote

(1) Die Verwendung personenbezogener Informationen über Betroffene oder Dritte, die im Rahmen der zielgerichteten Informationserhebung oder Ausspähung des Betroffenen einschließlich heimlicher Informationserhebung gewonnen worden sind, zum Nachteil dieser Personen ist unzulässig. Dies gilt nicht in den Fällen des § 21 Abs. 1 Nr. 1 und 2, wenn Angaben des Betroffenen oder Dritten sich aufgrund der Informationen ganz oder teilweise als unzutreffend erweisen.

(2) Die Verwendung von Unterlagen ist für einen begrenzten Zeitraum unzulässig, wenn die zuständige Staatsanwaltschaft oder das Gericht gegenüber dem Bundesbeauftragten erklärt, daß für einen bestimmten Zeitraum die

Verwendung die Durchführung eines Strafverfahrens beeinträchtigen würde. Dies gilt nicht, wenn dadurch Personen in der Wahrnehmung ihrer Rechte in unzumutbarer Weise beschränkt würden. In diesem Falle erfolgt die Verwendung im Einvernehmen mit der Staatsanwaltschaft oder dem Gericht.

§ 6
Begriffsbestimmungen

(1) Unterlagen des Staatssicherheitsdienstes sind
1. sämtliche Informationsträger unabhängig von der Form der Speicherung, insbesondere
   a) Akten, Dateien, Schriftstücke, Karten, Pläne, Filme, Bild-, Ton- und sonstige Aufzeichnungen,
   b) deren Kopien, Abschriften und sonstige Duplikate sowie
   c) die zur Auswertung erforderlichen Hilfsmittel, insbesondere Programme für die automatisierte Datenverarbeitung,
   soweit sie beim Staatssicherheitsdienst oder beim Arbeitsgebiet 1 der Kriminalpolizei der Volkspolizei entstanden, in deren Besitz gelangt oder ihnen zur Verwendung überlassen worden sind,
2. dem Staatssicherheitsdienst überlassene Akten von Gerichten und Staatsanwaltschaften.

(2) Nicht zu den Unterlagen gehören
1. Schreiben des Staatssicherheitsdienstes nebst Anlagen, die er anderen öffentlichen oder nicht-öffentlichen Stellen zugesandt hat, soweit diese Stellen ihm gegenüber nicht rechtlich oder faktisch weisungsbefugt waren,
2. Unterlagen, die an andere Stellen aus Gründen der Zuständigkeit weiter- oder zurückgegeben worden sind und in denen sich keine Anhaltspunkte befinden, daß der Staatssicherheitsdienst Maßnahmen getroffen oder veranlaßt hat,
3. Unterlagen, deren Bearbeitung vor dem 8. Mai 1945 abgeschlossen war und in denen sich keine Anhaltspunkte befinden, daß der Staatssicherheitsdienst sie über die archivische Erschließung hinaus genutzt hat,
4. Gegenstände und Unterlagen, die Betroffenen oder Dritten vom Staatssicherheitsdienst widerrechtlich weggenommen oder vorenthalten worden sind. Soweit es sich um Schriftstücke handelt, kann der Bundesbeauftragte Duplikate zu seinen Unterlagen nehmen.

(3) Betroffene sind Personen, zu denen der Staatssicherheitsdienst aufgrund zielgerichteter Informationserhebung oder Ausspähung einschließlich heimlicher Informationserhebung Informationen gesammelt hat. Satz 1 gilt nicht
1. für Mitarbeiter des Staatssicherheitsdienstes, soweit die Sammlung der Informationen nur der Anbahnung und Werbung oder nur der Kontrolle ihrer Tätigkeit für den Staatssicherheitsdienst gedient hat, und
2. für Begünstigte, soweit die Sammlung der Informationen nur der Anbah-

nung oder nur der Kontrolle ihres Verhaltens im Hinblick auf die Begünstigung gedient hat.

(4) Mitarbeiter des Staatssicherheitsdienstes sind hauptamtliche und inoffizielle Mitarbeiter.

1. Hauptamtliche Mitarbeiter sind Personen, die in einem offiziellen Arbeits- oder Dienstverhältnis des Staatssicherheitsdienstes gestanden haben und Offiziere des Staatssicherheitsdienstes im besonderen Einsatz.

2. Inoffizielle Mitarbeiter sind Personen, die sich zur Lieferung von Informationen an den Staatssicherheitsdienst bereiterklärt haben.

(5) Die Vorschriften über Mitarbeiter des Staatssicherheitsdienstes gelten entsprechend für

1. Personen, die gegenüber Mitarbeitern des Staatssicherheitsdienstes hinsichtlich deren Tätigkeit für den Staatssicherheitsdienst rechtlich oder faktisch weisungsbefugt waren,

2. inoffizielle Mitarbeiter des Arbeitsgebietes 1 der Kriminalpolizei der Volkspolizei.

(6) Begünstigte sind Personen, die

1. vom Staatssicherheitsdienst wesentlich gefördert worden sind, insbesondere durch Verschaffung beruflicher oder sonstiger wirtschaftlicher Vorteile,

2. vom Staatssicherheitsdienst oder auf seine Veranlassung bei der Strafverfolgung geschont worden sind,

3. mit Wissen, Duldung oder Unterstützung des Staatssicherheitsdienstes Straftaten gefördert, vorbereitet oder begangen haben.

(7) Dritte sind sonstige Personen, über die der Staatssicherheitsdienst Informationen gesammelt hat.

(8) Ob Personen Mitarbeiter des Staatssicherheitsdienstes, Begünstigte, Betroffene oder Dritte sind, ist für jede Information gesondert festzustellen. Für die Feststellung ist maßgebend, mit welcher Zielrichtung die Informationen in die Unterlagen aufgenommen worden sind.

(9) Die Verwendung von Unterlagen umfaßt die Weitergabe von Unterlagen, die Übermittlung von Informationen aus den Unterlagen sowie die sonstige Verarbeitung und die Nutzung von Informationen. Soweit in dieser Vorschrift nichts anderes bestimmt ist, gelten die Begriffsbestimmungen der §§ 2 und 3 des Bundesdatenschutzgesetzes mit der Maßgabe, daß zu den nicht-öffentlichen Stellen auch die Religionsgesellschaften gehören.

Zweiter Abschnitt

Erfassung der Unterlagen des Staatssicherheitsdienstes

§ 7

Auffinden von Unterlagen des Staatssicherheitsdienstes, Anzeigepflichten

(1) Alle öffentlichen Stellen unterstützen den Bundesbeauftragten bei seinen Ermittlungen zum Auffinden der Unterlagen des Staatssicherheitsdienstes und bei deren Übernahme. Ist ihnen bekannt oder stellen sie gelegentlich der Erfüllung ihrer Aufgaben fest, daß sich bei ihnen Unterlagen des Staatssicherheitsdienstes befinden, so haben sie dies dem Bundesbeauftragten unverzüglich anzuzeigen.

(2) Der Bundesbeauftragte kann im Einvernehmen mit einer öffentlichen Stelle in deren Registraturen, Archiven und sonstigen Informationssammlungen Einsicht nehmen, wenn hinreichende Anhaltspunkte für das Vorhandensein von Unterlagen des Staatssicherheitsdienstes vorliegen.

(3) Natürliche Personen und sonstige nicht-öffentliche Stellen sind verpflichtet, dem Bundesbeauftragten unverzüglich anzuzeigen, daß sich bei ihnen Unterlagen des Staatssicherheitsdienstes befinden, sobald ihnen dies bekannt wird.

§ 8

Herausgabepflicht öffentlicher Stellen

(1) Jede öffentliche Stelle hat dem Bundesbeauftragten auf dessen Verlangen unverzüglich bei ihr befindliche Unterlagen des Staatssicherheitsdienstes einschließlich Kopien, Abschriften und sonstigen Duplikaten herauszugeben.

(2) Benötigt die öffentliche Stelle Unterlagen zur Erfüllung ihrer Aufgaben im Rahmen der Zweckbindung nach den §§ 20 bis 23 und 25, kann sie Duplikate zu ihren Unterlagen nehmen. Originalunterlagen dürfen nur zu den Unterlagen genommen werden, soweit dies im Einzelfall zur Aufgabenerfüllung unerläßlich ist. In diesem Fall sind dem Bundesbeauftragten auf Verlangen Duplikate herauszugeben.

(3) Unterlagen über Betroffene sind von den Nachrichtendiensten des Bundes und der Länder ersatzlos und vollständig an den Bundesbeauftragten herauszugeben.

§ 9
Herausgabepflicht nicht-öffentlicher Stellen

(1) Jede natürliche Person und jede sonstige nicht-öffentliche Stelle hat dem Bundesbeauftragten auf dessen Verlangen unverzüglich Unterlagen des Staatssicherheitsdienstes herauszugeben, soweit diese nicht Eigentum der natürlichen Person oder der sonstigen nicht-öffentlichen Stelle sind. Der Nachweis des Eigentumserwerbs obliegt der natürlichen Person oder sonstigen nicht-öffentlichen Stelle. Vom Eigentum der natürlichen Person oder sonstigen nicht-öffentlichen Stelle kann ausgegangen werden bei Unterlagen nach § 10 Abs. 4, die sie selbst angefertigt hat.

(2) Soweit Unterlagen an den Bundesbeauftragten herauszugeben sind, sind ihm auch Kopien und sonstige Duplikate herauszugeben.

(3) Jede natürliche Person und jede sonstige nicht-öffentliche Stelle hat dem Bundesbeauftragten auf dessen Verlangen Unterlagen des Staatssicherheitsdienstes, die ihr Eigentum sind, zur Anfertigung von Kopien, Abschriften oder sonstigen Duplikaten zu überlassen.

§ 10
Unterlagen der Sozialistischen Einheitspartei Deutschlands, anderer mit ihr verbundener Parteien und Massenorganisationen sowie sonstige Unterlagen im Zusammenhang mit dem Staatssicherheitsdienst

(1) Der Bundesbeauftragte kann zur Erfüllung seiner Aufgaben von den zuständigen Stellen Auskunft über Art, Inhalt und Aufbewahrungsort der Unterlagen der Sozialistischen Einheitspartei Deutschlands, anderer mit ihr verbundener Parteien und Massenorganisationen der ehemaligen Deutschen Demokratischen Republik verlangen.

(2) Der Bundesbeauftragte kann Einsicht in die Unterlagen verlangen. Bei der Suche nach den benötigten Unterlagen ist er zu unterstützen.

(3) Dem Bundesbeauftragten sind auf sein Verlangen Duplikate von solchen Unterlagen herauszugeben, die im Zusammenhang mit der Tätigkeit des Staatssicherheitsdienstes stehen und die er zur Wahrnehmung seiner Aufgaben benötigt. Die Duplikate werden Bestandteil der Unterlagen nach § 6 Abs. 1.

(4) Die Absätze 1 bis 3 gelten entsprechend für Unterlagen, die erkennbar im Zusammenwirken anderer öffentlicher oder nicht-öffentlicher Stellen der ehemaligen Deutschen Demokratischen Republik mit dem Staatssicherheitsdienst, auf seine Veranlassung oder zur Umsetzung seiner Anordnungen oder Hinweise entstanden sind.

§ 11

Rückgabe und Herausgabe von Unterlagen anderer Behörden durch den Bundesbeauftragten

(1) Der Bundesbeauftragte hat Unterlagen anderer Behörden, in denen sich keine Anhaltspunkte dafür befinden, daß der Staatssicherheitsdienst Maßnahmen getroffen oder veranlaßt hat,

1. auf Anforderung oder
2. wenn er gelegentlich der Erfüllung seiner Aufgaben das Vorhandensein solcher Unterlagen feststellt,

an die zuständigen Stellen zurückzugeben. Der Bundesbeauftragte kann Duplikate zu seinen Unterlagen nehmen.

(2) Der Bundesbeauftragte hat in die Geheimhaltungsgrade Geheim und höher eingestufte Unterlagen des Bundes, der Länder sowie Unterlagen ihrer Nachrichtendienste an den Bundesminister des Innern oder die zuständigen Landesbehörden herauszugeben. Der Bundesbeauftragte kann Duplikate zu seinen Unterlagen nehmen. Unterlagen zwischen- oder überstaatlicher Organisationen und ausländischer Staaten, die in die Geheimhaltungsgrade VS-Vertraulich und höher eingestuft sind und zu deren Schutz vor unbefugter Kenntnisnahme die Bundesrepublik Deutschland aufgrund völkerrechtlicher Verträge verpflichtet ist, sind an den Bundesminister des Innern als Nationale Sicherheitsbehörde herauszugeben.

(3) Unterlagen über Betriebseinrichtungen, technische Verfahren und Umweltbelastungen des Betriebsgeländes von Wirtschaftsunternehmen, die dem Staatssicherheitsdienst ganz oder teilweise ein- oder angegliedert waren, sind auf Anforderung an den jetzigen Verfügungsberechtigten herauszugeben. Der Bundesbeauftragte kann Duplikate zu seinen Unterlagen nehmen.

(4) Der Bundesbeauftragte hat Unterlagen über Objekte und andere Gegenstände, insbesondere Grundrißpläne, Pläne über Versorgungsleitungen und Telefonleitungen, an den jetzigen Verfügungsberechtigten herauszugeben. Der Bundesbeauftragte kann Duplikate zu seinen Unterlagen nehmen.

(5) Werden hauptamtliche Mitarbeiter des Staatssicherheitsdienstes in den öffentlichen Dienst eingestellt oder im öffentlichen Dienst weiterbeschäftigt, sind die zu ihrer Person geführten Personalunterlagen im erforderlichen Umfang an die zuständige personalaktenführende Stelle herauszugeben. Der Bundesbeauftragte kann Duplikate zu seinen Unterlagen nehmen.

(6) Soweit ehemalige Mitarbeiter des Staatssicherheitsdienstes Empfänger von Renten sind, sind die zu ihrer Person geführten Personalunterlagen im erforderlichen Umfang an den Versorgungsträger herauszugeben. Der Bundesbeauftragte kann Duplikate zu seinen Unterlagen nehmen.

Dritter Abschnitt

Verwendung der Unterlagen des Staatssicherheitsdienstes

Erster Unterabschnitt

Rechte von Betroffenen, Dritten, Mitarbeitern des Staatssicherheitsdienstes und Begünstigten

§ 12

Verfahrensvorschriften für Betroffene, Dritte, Mitarbeiter und Begünstigte des Staatssicherheitsdienstes

(1) Der Antrag auf Auskunft, Einsicht in Unterlagen oder Herausgabe von Unterlagen ist schriftlich zu stellen. Der Antragsteller hat durch eine Bestätigung der zuständigen Landesbehörde seine Identität und, wenn er als gesetzlicher Vertreter handelt, seine Vertretungsmacht nachzuweisen. Wird der Antrag durch einen Bevollmächtigten mit Nachweis seiner Vollmacht gestellt, wird Auskunft erteilt, Einsicht in Unterlagen gewährt oder werden Unterlagen herausgegeben

1. Betroffenen, Dritten, Mitarbeitern, Begünstigten oder
2. ihrem Rechtsanwalt, wenn er dazu ausdrücklich ermächtigt ist.

(2) Auskünfte werden vom Bundesbeauftragten schriftlich erteilt, sofern nicht im Einzelfall eine andere Form der Auskunft angemessen ist. Die Entscheidung trifft er nach pflichtgemäßem Ermessen.

(3) Soll ein Antrag auf Auskunft mit Vorrang behandelt werden, ist die besondere Eilbedürftigkeit begründet darzulegen. Von der Eilbedürftigkeit kann ausgegangen werden, wenn die Auskunft zu Zwecken der Rehabilitierung, Wiedergutmachung, Abwehr einer Gefährdung des Persönlichkeitsrechts oder zur Entlastung vom Vorwurf einer Zusammenarbeit mit dem Staatssicherheitsdienst benötigt wird.

(4) Einsicht wird in Originalunterlagen oder in Duplikate gewährt. Enthalten Unterlagen außer den personenbezogenen Informationen über den Antragsteller auch solche über andere Betroffene oder Dritte, wird Einsicht in Originalunterlagen nur gewährt, wenn

1. andere Betroffene oder Dritte eingewilligt haben oder
2. eine Trennung der Informationen über andere Betroffene oder Dritte nicht oder nur mit unvertretbarem Aufwand möglich ist und kein Grund zu der Annahme besteht, daß schutzwürdige Interessen anderer Betroffener oder Dritter an der Geheimhaltung überwiegen.

Im übrigen wird Einsicht in Duplikate gewährt, in denen die personenbezogenen Informationen über andere Betroffene oder Dritte anonymisiert worden sind. Die Einsichtnahme erfolgt in der Zentralstelle oder in einer der Außenstellen.

(5) Unterlagen werden nur als Duplikate herausgegeben, in denen die per-

sonenbezogenen Informationen über andere Betroffene oder Dritte anonymisiert worden sind.

(6) Das Recht auf Einsicht und Herausgabe gilt nicht für die zur Auswertung erforderlichen Hilfsmittel (§ 6 Abs. 1 Nr. 1 Buchstabe c). Sind andere Unterlagen nicht oder nur mit unverhältnismäßigem Aufwand auffindbar, erstreckt sich das Recht auf Einsicht und Herausgabe auf Duplikate von Karteikarten, die der Auswertung der Unterlagen dienen und in denen personenbezogene Informationen über den Antragsteller enthalten sind.

§ 13

Recht von Betroffenen und Dritten auf Auskunft, Einsicht und Herausgabe

(1) Betroffenen ist auf Antrag Auskunft über die zu ihrer Person vorhandenen und erschlossenen Unterlagen zu erteilen. In dem Antrag sollen Angaben gemacht werden, die das Auffinden der Unterlagen ermöglichen. Der Zweck, zu dem die Auskunft eingeholt wird, muß nicht angegeben werden.

(2) Die Auskunft umfaßt eine Beschreibung der zu der Person des Betroffenen vorhandenen und erschlossenen Unterlagen und eine Wiedergabe ihres wesentlichen Inhaltes. Die Auskunft kann zunächst auf die Mitteilung beschränkt werden, daß Unterlagen vorhanden sind und der Betroffene Einsicht in diese Unterlagen nehmen kann.

(3) Dem Betroffenen ist auf Antrag Einsicht in die zu seiner Person vorhandenen und erschlossenen Unterlagen zu gewähren.

(4) Dem Betroffenen sind auf Antrag Duplikate von Unterlagen herauszugeben. In den Duplikaten sind die personenbezogenen Informationen über andere Betroffene oder Dritte zu anonymisieren.

(5) Sind in den zur Person des Betroffenen vorhandenen und erschlossenen Unterlagen, in die der Betroffene Einsicht genommen oder von denen er Duplikate erhalten hat, Decknamen von Mitarbeitern des Staatssicherheitsdienstes, die Informationen über ihn gesammelt oder verwertet oder die diese Mitarbeiter geführt haben, enthalten, so sind ihm auf Verlangen die Namen der Mitarbeiter und weitere Identifizierungsangaben bekanntzugeben, soweit sie sich aus den Unterlagen des Staatssicherheitsdienstes eindeutig entnehmen lassen. Satz 1 gilt auch für andere Personen, die den Betroffenen schriftlich denunziert haben, wenn der Inhalt der Denunziation geeignet war, dem Betroffenen Nachteile zu bereiten. Interessen von Mitarbeitern und Denunzianten an der Geheimhaltung ihrer Namen stehen der Bekanntgabe der Namen nicht entgegen.

(6) Absatz 5 Satz 1 und 2 gilt nicht, wenn der Mitarbeiter des Staatssicherheitsdienstes oder der Denunziant im Zeitpunkt seiner Tätigkeit gegen den Betroffenen das 18. Lebensjahr noch nicht vollendet hatte.

(7) Für Dritte gelten die Absätze 1 bis 6 entsprechend mit der Maßgabe, daß der Antragsteller Angaben zu machen hat, die das Auffinden der Informatio-

nen ermöglichen. Die Auskunft wird nur erteilt, wenn der dafür erforderliche Aufwand nicht außer Verhätlnis zu dem vom Antragsteller geltend gemachten Informationsinteresse steht.

§ 14
Anonymisierung und Löschung personenbezogener Informationen über Betroffene und Dritte

(1) Auf Antrag Betroffener und Dritter werden in den zu ihrer Person geführten Unterlagen des Staatssicherheitsdienstes einschließlich der Hilfsmittel, die dem Auffinden der Unterlagen dienen, die ihre Person betreffenden Informationen anonymisiert. Anträge können ab 1. Januar 1997 gestellt werden.

(2) Die Anonymisierung unterbleibt,
1. soweit andere Personen ein offensichtlich überwiegendes Interesse an einer zulässigen Nutzung der Informationen zur Behebung einer bestehenden Beweisnot haben,
2. soweit die Informationen für die Forschung zur politischen und historischen Aufarbeitung erforderlich sind,
3. solange ein diese Unterlagen betreffendes Zugangsersuchen einer zuständigen Stelle anhängig ist

und deswegen das Interesse des Antragstellers an der Anonymisierung zurücktreten muß. Die zu der Person des Antragstellers in den Unterlagen enthaltenen Informationen dürfen ohne seine Einwilligung nur übermittelt oder genutzt werden, soweit dies für den Zweck, der der Anonymisierung entgegensteht, unerläßlich ist.

(3) Die Absätze 1 und 2 gelten entsprechend für personenbezogene Informationen über den Antragsteller, die in Unterlagen vorhanden sind, die zur Person eines Mitarbeiters des Staatssicherheitsdienstes geführt werden.

(4) Ist eine Anonymisierung nicht möglich und ist Absatz 2 nicht anzuwenden, tritt an die Stelle der Anonymisierung die Vernichtung der Unterlage. Soweit die Unterlagen automatisiert lesbar sind, tritt an die Stelle der Vernichtung der Unterlage die Löschung der auf ihr gespeicherten Informationen. Satz 1 gilt nicht, wenn die Unterlagen auch personenbezogene Informationen über andere Betroffene oder Dritte enthalten und diese der Vernichtung der Unterlagen nicht zustimmen.

§ 15

Recht von nahen Angehörigen Vermißter oder Verstorbener auf Auskunft, Einsicht und Herausgabe

(1) Nahen Angehörigen ist auf Antrag Auskunft zu erteilen

1. zur Rehabilitierung Vermißter oder Verstorbener,
2. zum Schutze des Persönlichkeitsrechts Vermißter oder Verstorbener, insbesondere zur Klärung des Vorwurfs der Zusammenarbeit mit dem Staatssicherheitsdienst,
3. zur Aufklärung des Schicksals Vermißter oder Verstorbener.

In dem Antrag sind der Zweck, zu dem die Auskunft eingeholt wird, glaubhaft zu machen und das Verwandtschaftsverhältnis zu der vermißten oder verstorbenen Person nachzuweisen.

(2) § 13 Abs. 1 Satz 2 und Abs. 2 bis 6 gilt entsprechend.

(3) Nahe Angehörige sind Ehegatten, Kinder, Enkelkinder, Eltern und Geschwister.

(4) Absatz 1 gilt nicht, wenn der Vermißte oder Verstorbene eine andere Verfügung hinterlassen hat oder sein entgegenstehender Wille sich aus anderen Umständen eindeutig ergibt.

§ 16

Recht von Mitarbeitern des Staatssicherheitsdienstes auf Auskunft, Einsicht und Herausgabe

(1) Mitarbeitern des Staatssicherheitsdienstes ist auf Antrag Auskunft über ihre personenbezogenen Informationen zu erteilen, die in den zu ihrer Person geführten Unterlagen enthalten sind.

(2) Die Auskunft kann außerdem eine Umschreibung von Art und Umfang der Tätigkeit, des Personenkreises, über den berichtet worden ist, sowie der Häufigkeit der Berichterstattung umfassen.

(3) Dem Mitarbeiter ist auf Antrag Einsicht in die zu seiner Person geführten Unterlagen zu gewähren. § 12 Abs. 4 Satz 2 Nr. 2 gilt nicht.

(4) Dem Mitarbeiter kann auf Antrag Auskunft aus den von ihm erstellten Berichten erteilt und Einsicht in diese gewährt werden, wenn er glaubhaft macht, daß er hieran ein rechtliches Interesse hat. Dies gilt nicht, wenn das berechtigte Interesse Betroffener oder Dritter an der Geheimhaltung überwiegt.

(5) Dem Mitarbeiter sind auf Antrag Duplikate der zu seiner Person geführten Unterlagen herauszugeben. In den Duplikaten sind die personenbezogenen Informationen über Betroffene oder Dritte zu anonymisieren.

§ 17

Recht von Begünstigten auf Auskunft, Einsicht und Herausgabe

(1) Für das Recht von Begünstigten auf Auskunft, Einsicht in Unterlagen und Herausgabe von Unterlagen gilt § 16 Abs. 1, 3 und 5 entsprechend.

(2) Der Begünstigte hat Angaben zu machen, die das Auffinden der Informationen ermöglichen.

(3) Absatz 1 gilt nicht, wenn die zuständige oberste Bundesbehörde oder die zuständige Landesbehörde gegenüber dem Bundesbeauftragten erklärt, daß eine Auskunft, Gewährung von Einsicht in Unterlagen oder Herausgabe von Unterlagen wegen eines überwiegenden öffentlichen Interesses unterbleiben muß.

§ 18

Recht auf Auskunft, Einsicht und Herausgabe bei dem Staatssicherheitsdienst überlassenen Akten von Gerichten und Staatsanwaltschaften

Bei den vom Bundesbeauftragten verwahrten Akten von Gerichten und Staatsanwaltschaften gelten für das Recht auf Auskunft, Einsicht in Akten und Herausgabe von Akten anstelle des § 12 Abs. 4 bis 6 und der §§ 13, 15 bis 17 und 43 die jeweiligen gesetzlichen Verfahrensordnungen.

Zweiter Unterabschnitt

Verwendung der Unterlagen des Staatssicherheitsdienstes durch öffentliche und nicht-öffentliche Stellen

§ 19

Zugang zu den Unterlagen durch öffentliche und nicht-öffentliche Stellen, Verfahrensvorschriften

(1) Der Bundesbeauftragte macht Mitteilungen an öffentliche und nicht-öffentliche Stellen, gewährt ihnen Einsicht in Unterlagen und gibt ihnen Unterlagen heraus, soweit deren Verwendung nach den §§ 20 bis 23, 25 und 26 zulässig ist.

(2) Ersuchen können von der zur Erfüllung der jeweiligen Aufgabe zuständigen öffentlichen Stelle an den Bundesbeauftragten gerichtet werden. Wer für eine nicht-öffentliche Stelle ein Ersuchen stellt, hat seine Berechtigung hierzu schriftlich unter Hinweis auf die Rechtsgrundlage nachzuweisen.

(3) Der Bundesbeauftragte prüft, ob sich ein Ersuchen um Mitteilung, Ein-

sichtnahme oder Herausgabe auf einen zulässigen Verwendungszweck bezieht, im Rahmen der Aufgaben des Empfängers liegt und inwieweit die Verwendung für den angegebenen Zweck erforderlich ist. Bei Ersuchen von Gerichten, Staatsanwaltschaften und Polizeibehörden, soweit sie als Hilfsorgane der Staatsanwaltschaften handeln, prüft der Bundesbeauftragte die Zulässigkeit nur, soweit dazu Anlaß besteht.

(4) Mitteilungen werden vom Bundesbeauftragten schriftlich gemacht, sofern nicht im Einzelfall eine andere Form der Mitteilung angemessen ist. Die Entscheidung trifft er nach pflichtgemäßem Ermessen.

(5) Soll ein Ersuchen um Mitteilung mit Vorrang behandelt werden, ist die besondere Eilbedürftigkeit begründet darzulegen. Von der Eilbedürftigkeit kann ausgegangen werden,

1. wenn die Mitteilung zu Zwecken der Rehabilitierung, Wiedergutmachung, Abwehr einer Gefährdung des Persönlichkeitsrechts oder zur Entlastung vom Vorwurf einer Zusammenarbeit mit dem Staatssicherheitsdienst benötigt wird,

2. bei der Aufklärung, Erfassung und Sicherung des Vermögens der ehemaligen Deutschen Demokratischen Republik und der ehemaligen Rechtsträger mit Sitz in ihrem Gebiet sowie des Vermögens, das dem Bereich der Kommerziellen Koordinierung zugeordnet war,

3. bei der Überprüfung von Personen in den Fällen des § 20 Abs. 1 Nr. 6 und 7 und des § 21 Abs. 1 Nr. 6 und 7,

4. bei der Strafverfolgung und Gefahrenabwehr in den Fällen des § 23 Abs. 1 Satz 1 Nr. 1 Buchstabe a und b und Nr. 2.

(6) Einsicht wird gewährt, wenn Mitteilungen nicht ausreichen. § 12 Abs. 4 gilt entsprechend mit der Maßgabe, daß an die Stelle des Antragstellers die Person tritt, auf die sich das Ersuchen bezieht.

(7) Unterlagen sind herauszugeben, wenn die ersuchende Stelle begründet darlegt, daß Mitteilungen und Einsichtnahme nicht ausreichen oder die Einsichtnahme mit unvertretbarem Aufwand verbunden wäre. Originalunterlagen werden nur herausgegeben, wenn dies insbesondere für Beweiszwecke unerläßlich ist. Sie sind an den Bundesbeauftragten unverzüglich zurückzugeben, sobald sie für den Verwendungszweck nicht mehr benötigt werden. Enthalten die Unterlagen außer den personenbezogenen Informationen über Personen, auf die sich das Ersuchen bezieht, auch solche über andere Betroffene oder Dritte, gilt § 12 Abs. 4 Satz 2 und 3 entsprechend.

§ 20

Verwendung von Unterlagen, die keine personenbezogenen Informationen über Betroffene oder Dritte enthalten, durch öffentliche und nicht-öffentliche Stellen

(1) Unterlagen, soweit sie keine personenbezogenen Informationen über Betroffene oder Dritte enthalten, dürfen durch öffentliche und nicht-öffent-

liche Stellen in dem erforderlichen Umfang für folgende Zwecke verwendet werden:

1. Rehabilitierung von Betroffenen, Vermißten und Verstorbenen, Wiedergutmachung, Leistungen nach dem Häftlingshilfegesetz,
2. Schutz des Persönlichkeitsrechts,
3. Aufklärung des Schicksals Vermißter und ungeklärter Todesfälle,
4. Ruhen von Versorgungsleistungen nach dem Versorgungsruhensgesetz sowie Kürzung oder Aberkennung oder Ruhen von Leistungen, auf die das Versorgungsruhensgesetz entsprechende Anwendung findet,
5. Aufklärung, Erfassung und Sicherung des Vermögens der ehemaligen Deutschen Demokratischen Republik und der ehemaligen Rechtsträger mit Sitz in ihrem Gebiet sowie des Vermögens, das dem Bereich der Kommerziellen Koordinierung zugeordnet war,
6. Überprüfung der folgenden Personen nach Maßgabe der dafür geltenden Vorschriften und mit ihrer Kenntnis zur Feststellung, ob sie hauptamtlich oder inoffiziell für den Staatssicherheitsdienst tätig waren, soweit es sich nicht um Tätigkeiten für den Staatssicherheitsdienst vor Vollendung des 18. Lebensjahres gehandelt hat:

   a) Mitglieder der Bundesregierung oder einer Landesregierung sowie sonstige in einem öffentlich-rechtlichen Amtsverhältnis stehende Personen,
   b) Abgeordnete und Angehörige kommunaler Vertretungskörperschaften,
   c) Mitglieder des Beirates nach § 39,
   d) Personen, die im öffentlichen Dienst des Bundes, der Länder einschließlich der Gemeinden und der Gemeindeverbände, über- oder zwischenstaatlicher Organisationen, in denen die Bundesrepublik Deutschland Mitglied ist, sowie im kirchlichen Dienst beschäftigt sind oder weiterverwendet werden sollen,
   e) Personen, die als Notar weiterverwendet werden oder als Rechtsanwalt tätig bleiben sollen,
   f) – Vorstandsmitglieder, Geschäftsführer, Betriebsleiter oder leitende Angestellte in Betrieben einer juristischen Person,
      – durch Gesetz, Satzung oder Gesellschaftsvertrag zur Vertretung der Personenmehrheit berufene Personen, Geschäftsführer, Betriebsleiter oder leitende Angestellte in Betrieben einer Personenmehrheit;

      soweit es sich nicht um gerichtliche Verfahren handelt, wird nur eine Mitteilung gemacht,
   g) Sicherheitsüberprüfungen von Personen,
      – denen im öffentlichen Interesse geheimhaltungsbedürftige Tatsachen, Gegenstände oder Erkenntnisse anvertraut werden, die Zugang dazu erhalten sollen oder ihn sich verschaffen können oder
      – die an sicherheitsempfindlichen Stellen von lebens- oder verteidigungswichtigen Einrichtungen beschäftigt sind oder werden sollen;

die Feststellung kann sich auch auf die Tätigkeit für einen ausländischen Nachrichtendienst beziehen,

7. Überprüfung der folgenden Personen mit ihrer Einwilligung zur Feststellung, ob sie hauptamtlich oder inoffiziell für den Staatssicherheitsdienst
tätig waren, soweit es sich nicht um Tätigkeiten für den Staatssicherheitsdienst vor Vollendung des 18. Lebensjahrs gehandelt hat:

a) Vorstände von politischen Parteien bis hinunter zur Kreisebene,

b) Personen, die als ehrenamtliche Richter tätig sind,

c) Personen, die in einem kirchlichen Ehrenamt tätig sind,

d) Personen, die in Verbänden auf Bundes- oder Landesebene leitende
Funktionen wahrnehmen; soweit es sich nicht um gerichtliche Verfahren handelt, wird nur eine Mitteilung gemacht,

e) Betriebsräte,

f) Personen, die sich
  – in den vorgenannten Fällen oder
  – in den Fällen der Nummer 6 Buchstabe a bis f
  um das Amt, die Funktion, die Zulassung oder die Einstellung bewerben;

die Feststellung kann sich auch auf die Tätigkeit für einen ausländischen
Nachrichtendienst beziehen; wenn tatsächliche Anhaltspunkte für den
Verdacht einer Tätigkeit für den Staatssicherheitsdienst oder einen auslän-
dischen Nachrichtendienst vorliegen, genügt anstelle der Einwilligung die
Kenntnis der zu überprüfenden Person,

8. Verfahren zur Erteilung oder zum Entzug einer Erlaubnis nach dem Waf-
fengesetz, dem Bundesjagdgesetz, dem Sprengstoffgesetz, dem Kriegs-
waffenkontrollgesetz und dem Außenwirtschaftsgesetz, soweit sich aus
den Unterlagen Hinweise auf die persönliche Zuverlässigkeit ehemaliger
Mitarbeiter des Staatssicherheitsdienstes ergeben,

9. Anerkennung ruhegehaltfähiger Zeiten, Zahlung und Überführung der
Renten ehemaliger Angehöriger des Staatssicherheitsdienstes,

10. Ordensangelegenheiten.

(2) § 26 bleibt unberührt.

(3) Die Verwendung für die in Absatz 1 Nr. 6 und 7 genannten Zwecke ist
nach Ablauf einer Frist von 15 Jahren unzulässig. Die Frist beginnt am Tage
des Inkrafttretens dieses Gesetzes. Nach Ablauf der Frist darf die Tatsache
einer Tätigkeit für den Staatssicherheitsdienst dem Mitarbeiter im Rechtsverkehr nicht mehr vorgehalten und nicht zu seinem Nachteil verwertet werden.
Die Ausnahmen des § 52 Abs. 1 des Bundeszentralregistergesetzes gelten entsprechend. Im Zusammenhang mit der Tätigkeit des Mitarbeiters entstandene Rechte anderer Personen, gesetzliche Rechtsfolgen der Tätigkeit und
Entscheidungen von Gerichten oder Verwaltungsbehörden, die im Zusammenhang mit der Tätigkeit ergangen sind, bleiben unberührt.

§ 21

Verwendung von Unterlagen, die personenbezogene Informationen über Betroffene oder Dritte enthalten, durch öffentliche und nicht-öffentliche Stellen

(1) Unterlagen, soweit sie personenbezogene Informationen über Betroffene oder Dritte enthalten, dürfen durch öffentliche und nicht-öffentliche Stellen in dem erforderlichen Umfang für folgende Zwecke verwendet werden:

1. Rehabilitierung von Betroffenen, Vermißten und Verstorbenen, Wiedergutmachung, Leistungen nach dem Häftlingshilfegesetz,
2. Schutz des Persönlichkeitsrechts,
3. Aufklärung des Schicksals Vermißter und ungeklärter Todesfälle,
4. Ruhen von Versorgungsleistungen nach dem Versorgungsruhensgesetz sowie Kürzung oder Aberkennung oder Ruhen von Leistungen, auf die das Versorgungsruhensgesetz entsprechende Anwendung findet,
5. Aufklärung, Erfassung und Sicherung des Vermögens der ehemaligen Deutschen Demokratischen Republik und der ehemaligen Rechtsträger mit Sitz in ihrem Gebiet sowie des Vermögens, das dem Bereich der Kommerziellen Koordinierung zugeordnet war,
6. Überprüfung der folgenden Personen nach Maßgabe der dafür geltenden Vorschriften und mit ihrer Kenntnis zur Feststellung, ob sie hauptamtlich oder inoffiziell für den Staatssicherheitsdienst tätig waren, soweit die Feststellung nicht mit den in § 20 genannten Unterlagen getroffen werden kann und es sich nicht um Tätigkeiten für den Staatssicherheitsdienst vor Vollendung des 18. Lebensjahres gehandelt hat:
   a) Mitglieder der Bundesregierung oder einer Landesregierung sowie sonstige in einem öffentlich-rechtlichen Amtsverhältnis stehende Personen,
   b) Abgeordnete und Angehörige kommunaler Vertretungskörperschaften,
   c) Mitglieder des Beirates nach § 39,
   d) Personen, die im öffentlichen Dienst des Bundes, der Länder einschließlich der Gemeinden und der Gemeindeverbände, über- oder zwischenstaatlicher Organisationen, in denen die Bundesrepublik Deutschland Mitglied ist, sowie im kirchlichen Dienst beschäftigt sind oder weiterverwendet werden sollen,
   e) Personen, die als Notar weiterverwendet werden oder als Rechtsanwalt tätig bleiben sollen,
   f) – Vorstandsmitglieder, Geschäftsführer, Betriebsleiter oder leitende Angestellte in Betrieben einer juristischen Person,
   – durch Gesetz, Satzung oder Gesellschaftsvertrag zur Vertretung der Personenmehrheit berufene Personen, Geschäftsführer, Betriebsleiter oder leitende Angestellte in Betrieben einer Personenmehrheit;

soweit es sich nicht um gerichtliche Verfahren handelt, wird nur eine Mitteilung gemacht,

g) Sicherheitsüberprüfungen von Personen,

- denen im öffentlichen Interesse geheimhaltungsbedürftige Tatsachen, Gegenstände oder Erkenntnisse anvertraut werden, die Zugang dazu erhalten sollen oder ihn sich verschaffen können oder
- die an sicherheitsempfindlichen Stellen von lebens- oder verteidigungswichtigen Einrichtungen beschäftigt sind oder werden sollen;

die Feststellung kann sich auch auf die Tätigkeit für einen ausländischen Nachrichtendienst beziehen,

7. Überprüfung der folgenden Personen mit ihrer Einwilligung zur Feststellung, ob sie hauptamtlich oder inoffiziell für den Staatssicherheitsdienst tätig waren, soweit die Feststellung nicht mit den in § 20 genannten Unterlagen getroffen werden kann und es sich nicht um Tätigkeiten für den Staatssicherheitsdienst vor Vollendung des 18. Lebensjahres gehandelt hat:

a) Vorstände von politischen Parteien bis hinunter zur Kreisebene,

b) Personen, die als ehrenamtliche Richter tätig sind,

c) Personen, die in einem kirchlichen Ehrenamt tätig sind,

d) Personen, die in Verbänden auf Bundes- oder Landesebene leitende Funktionen wahrnehmen; soweit es sich nicht um gerichtliche Verfahren handelt, wird nur eine Mitteilung gemacht,

e) Betriebsräte,

f) Personen, die sich

- in den vorgenannten Fällen oder
- in den Fällen der Nummer 6 Buchstabe a bis f

um das Amt, die Funktion, die Zulassung oder die Einstellung bewerben;

die Feststellung kann sich auch auf die Tätigkeit für einen ausländischen Nachrichtendienst beziehen; wenn tatsächliche Anhaltspunkte für den Verdacht einer Tätigkeit für den Staatssicherheitsdienst oder einen ausländischen Nachrichtendienst vorliegen, genügt anstelle der Einwilligung die Kenntnis der zu überprüfenden Person.

(2) Das besondere Verwendungsverbot nach § 5 Abs. 1 bleibt unberührt.

(3) Die Verwendung für die in Absatz 1 Nr. 6 und 7 genannten Zwecke ist nach Ablauf einer Frist von 15 Jahren unzulässig. Die Frist beginnt am Tage des Inkrafttretens dieses Gesetzes. Nach Ablauf der Frist darf die Tatsache einer Tätigkeit für den Staatssicherheitsdienst dem Mitarbeiter im Rechtsverkehr nicht mehr vorgehalten und nicht zu seinem Nachteil verwertet werden. Die Ausnahmen des § 52 Abs. 1 des Bundeszentralregistergesetzes gelten entsprechend. Im Zusammenhang mit der Tätigkeit des Mitarbeiters entstandene Rechte anderer Personen, gesetzliche Rechtsfolgen der Tätigkeit und Entscheidungen von Gerichten oder Verwaltungsbehörden, die im Zusammenhang mit der Tätigkeit ergangen sind, bleiben unberührt.

§ 22

Verwendung von Unterlagen für Zwecke parlamentarischer Untersuchungsausschüsse

(1) Das Recht auf Beweiserhebung durch parlamentarische Untersuchungsausschüsse nach Artikel 44 Abs. 1 und 2 des Grundgesetzes erstreckt sich auch auf Unterlagen des Staatssicherheitsdienstes.

(2) Absatz 1 gilt entsprechend für parlamentarische Untersuchungsausschüsse der Länder.

§ 23

Verwendung von Unterlagen für Zwecke der Strafverfolgung und Gefahrenabwehr

(1) Unterlagen, soweit sie personenbezogene Informationen über Betroffene oder Dritte enthalten, dürfen in dem erforderlichen Umfang verwendet werden

1. zur Verfolgung von
   a) Straftaten im Zusammenhang mit dem Regime der ehemaligen Deutschen Demokratischen Republik, insbesondere Straftaten im Zusammenhang mit der Tätigkeit des Staatssicherheitsdienstes, anderer Sicherheits-, Strafverfolgungs- und Strafvollzugsbehörden sowie der Gerichte,
   b) Verbrechen in den Fällen der §§ 211, 212 oder 220a, 239a, 239b, 306 bis 308, 310b Abs. 1, § 311 Abs. 1, § 311a Abs. 1, §§ 312, 316c Abs. 1 oder § 319 des Strafgesetzbuches sowie von Straftaten nach
      – § 52a Abs. 1 bis 3, § 53 Abs. 1 Satz 1 Nr. 1, 2, Satz 2 des Waffengesetzes,
      – § 19 Abs. 1 bis 3, § 20 Abs. 1 oder 2, jeweils auch in Verbindung mit § 21, oder § 22a Abs. 1 bis 3 des Gesetzes über die Kontrolle von Kriegswaffen,
      – § 29 Abs. 3 Nr. 1, 4, § 30 Abs. 1 Nr. 1, 2 des Betäubungsmittelgesetzes,
      – § 30 Abs. 1 Nr. 4 des Betäubungsmittelgesetzes, sofern die Straftaten gewerbsmäßig oder als Mitglied einer Bande begangen worden sind,
   c) Straftaten im Zusammenhang mit dem nationalsozialistischen Regime,
   d) Straftaten nach § 44 dieses Gesetzes,
2. zur Abwehr einer drohenden erheblichen Gefahr für die öffentliche Sicherheit, insbesondere zur Verhütung von drohenden Straftaten.
§ 5 Abs. 1 ist nicht anzuwenden. Verwertungsverbote nach den Vorschriften der Strafprozeßordnung bleiben unberührt.

(2) Andere Unterlagen dürfen auch verwendet werden, soweit dies zur Ver-

folgung anderer Straftaten einschließlich der Rechtshilfe in Strafsachen sowie der Abwehr einer erheblichen Gefahr für die öffentliche Sicherheit, insbesondere zur Verhütung von Straftaten, erforderlich ist.

§ 24
Verwendung der dem Staatssicherheitsdienst überlassenen Akten von Gerichten und Staatsanwaltschaften

(1) Für die Verwendung der vom Bundesbeauftragten verwahrten Akten von Gerichten und Staatsanwaltschaften gelten anstelle der §§ 19 bis 21, 23, 25 bis 30 und 43 die jeweiligen gesetzlichen Verfahrensordnungen. § 5 Abs. 1 ist nicht anzuwenden, soweit es sich um Straftaten nach § 23 Abs. 1 Nr. 1 handelt.

(2) Der Bundesbeauftragte gibt auf Anforderung die in Absatz 1 Satz 1 genannten Unterlagen an Gerichte, Staatsanwaltschaften und Polizeibehörden, soweit sie als Hilfsorgane der Staatsanwaltschaft handeln, heraus. Die Unterlagen sind unverzüglich zurückzugeben, sobald sie für den Verwendungszweck nicht mehr benötigt werden.

§ 25
Verwendung von Unterlagen für Zwecke der Nachrichtendienste

(1) Unterlagen, soweit sie personenbezogene Informationen über Betroffene oder Dritte enthalten, dürfen nicht durch oder für Nachrichtendienste verwendet werden. Ausgenommen sind Unterlagen, soweit sie personenbezogene Informationen enthalten über

1. Mitarbeiter der Nachrichtendienste des Bundes, der Länder oder der Verbündeten und die Verwendung zum Schutze dieser Mitarbeiter oder der Nachrichtendienste erforderlich ist, oder
2. Mitarbeiter anderer Nachrichtendienste und die Verwendung zur Spionageabwehr erforderlich ist.

(2) Unterlagen, soweit sie keine personenbezogenen Informationen über Betroffene oder Dritte enthalten, dürfen durch oder für Nachrichtendienste des Bundes und der Länder im Rahmen ihrer gesetzlichen Aufgaben sowie durch oder für Nachrichtendienste der Verbündeten verwendet werden, wenn sie Informationen enthalten, die

1. die Spionage oder Spionageabwehr,
2. den Bereich des gewalttätigen Extremismus oder des Terrorismus
im Sinne des Bundesverfassungsschutzgesetzes betreffen.

(3) In den Fällen des Absatzes 1 Satz 2 bleibt § 5 Abs. 1 unberührt.

(4) In den Fällen des Absatzes 1 Satz 2 und des Absatzes 2 kann der Bundesminister des Innern die ersatzlose Herausgabe von Unterlagen anordnen, wenn das Verbleiben der Unterlagen beim Bundesbeauftragten dem Wohl

des Bundes oder eines Landes Nachteile bereiten würde. Die Anordnung bedarf der Zustimmung der Parlamentarischen Kontrollkommission nach dem Gesetz über die parlamentarische Kontrolle nachrichtendienstlicher Tätigkeit des Bundes.

(5) Außerdem dürfen durch oder für Nachrichtendienste im Rahmen ihrer gesetzlichen Aufgaben die in § 26 genannten Unterlagen verwendet werden.

§ 26
Verwendung von Dienstanweisungen und Organisationsplänen

Richtlinien, Dienstanweisungen, Organisationspläne und Stellenpläne des Staatssicherheitsdienstes, soweit sie keine personenbezogenen Informationen über Betroffene oder Dritte enthalten, dürfen auch für andere Zwecke verwendet werden. Das gleiche gilt für Pläne und Verzeichnisse von Objekten und anderen Gegenständen des Staatssicherheitsdienstes, insbesondere Grundrißpläne, Pläne über Versorgungsleitungen und Telefonleitungen.

§ 27
Mitteilungen ohne Ersuchen an öffentliche Stellen

(1) Stellt der Bundesbeauftragte gelegentlich der Erfüllung seiner Aufgaben nach § 37 eine hauptamtliche oder inoffizielle Tätigkeit für den Staatssicherheitsdienst fest von
1. Personen, die ein Amt oder eine Funktion nach § 20 Abs. 1 Nr. 6 Buchstabe a bis c innehaben oder ausüben,
2. einem Beamten, der jederzeit in den einstweiligen Ruhestand versetzt werden kann, oder einem Angestellten in entsprechender Funktion,
3. einem Beamten oder Angestellten, der eine Behörde leitet,
4. einem Wahlbeamten oder Ehrenbeamten,
5. einem Richter oder Staatsanwalt,
6. einem Rechtsanwalt oder Notar,
7. einer Person, die im kirchlichen Dienst beschäftigt ist,
8. Personen, wegen deren Tätigkeit die Verwendung von Unterlagen nach § 20 Abs. 1 Nr. 4 oder § 21 Abs. 1 Nr. 4 zulässig ist,
so hat er dies von sich aus der zuständigen Stelle mitzuteilen.

(2) Stellt der Bundesbeauftragte gelegentlich der Erfüllung seiner Aufgaben nach § 37 fest, daß sich aus den Unterlagen Anhaltspunkte ergeben für
1. eine Straftat im Zusammenhang mit der Tätigkeit des Staatssicherheitsdienstes,
2. eine der in § 23 Abs. 1 Nr. 1 Buchstabe b genannten Straftaten,
3. eine erhebliche Gefahr für die öffentliche Sicherheit,
4. das Vorhandensein von Vermögen im Sinne des § 20 Abs. 1 Nr. 5 und § 21 Abs. 1 Nr. 5,

so hat er dies von sich aus der zuständigen Stelle mitzuteilen.

(3) Stellt der Bundesbeauftragte gelegentlich der Erfüllung seiner Aufgaben nach § 37 fest, daß sich in den Unterlagen Informationen über Spionage, Spionageabwehr, gewalttätigen Extremismus oder Terrorismus im Sinne des Bundesverfassungsschutzgesetzes befinden, so hat er dies von sich aus dem Bundesminister des Innern als Nationale Sicherheitsbehörde mitzuteilen.

(4) Mitteilungen nach den Absätzen 1 bis 3 sind nur zulässig, soweit sie auch auf Ersuchen erfolgen dürfen.

§ 28

Mitteilungen ohne Ersuchen an nicht-öffentliche Stellen

(1) Stellt der Bundesbeauftragte gelegentlich der Erfüllung seiner Aufgaben nach § 37 fest, daß

1. Vorstände von politischen Parteien bis hinunter zur Kreisebene,
2. Personen, die in Verbänden auf Bundes- oder Landesebene leitende Funktionen wahrnehmen,
3. in Betrieben einer juristischen Person ein Vorstandsmitglied, ein Geschäftsführer, ein Betriebsleiter oder ein leitender Angestellter,
4 in Betrieben einer Personenmehrheit eine durch Gesetz, Satzung oder Gesellschaftsvertrag zur Vertretung der Personenmehrheit berufene Person, ein Geschäftsführer, ein Betriebsleiter oder ein leitender Angestellter,

hauptamtlich oder inoffiziell für den Staatssicherheitsdienst tätig gewesen ist, so hat er dies von sich aus den zuständigen Stellen mitzuteilen.

(2) Mitteilungen nach Absatz 1 sind nur zulässig, soweit sie auch auf Ersuchen erfolgen dürfen.

§ 29

Zweckbindung

(1) Nach den §§ 19 bis 23 und 25 sowie den §§ 27 und 28 übermittelte personenbezogene Informationen dürfen nur für die Zwecke verarbeitet und genutzt werden, für die sie übermittelt worden sind. Für andere Zwecke dürfen sie nur verarbeitet oder genutzt werden, soweit die Voraussetzungen der §§ 20 bis 23 und 25 vorliegen.

(2) Sollen personenbezogene Informationen über Betroffene oder Dritte nach Absatz 1 Satz 2 für einen anderen Zweck verarbeitet oder genutzt werden, ist die Zustimmung des Bundesbeauftragten erforderlich.

(3) Die Absätze 1 und 2 gelten entsprechend für personenbezogene Informationen in den Unterlagen, die nach § 8 Abs. 2 bei öffentlichen Stellen verbleiben.

§ 30

Benachrichtigung von der Übermittlung

(1) Werden vom Bundesbeauftragten personenbezogene Informationen über einen Betroffenen nach den §§ 21, 27 Abs. 1 und § 28 übermittelt, ist dem Betroffenen die Art der übermittelten Informationen und deren Empfänger mitzuteilen.

(2) Eine Pflicht zur Benachrichtigung besteht nicht, wenn der Betroffene auf andere Weise Kenntnis von der Übermittlung erlangt hat oder die Benachrichtigung nur mit unvertretbarem Aufwand möglich wäre.

(3) Eine Benachrichtigung unterbleibt während des Zeitraums, für den die zuständige oberste Bundes- oder Landesbehörde gegenüber dem Bundesbeauftragten festgestellt hat, daß das Bekanntwerden der Übermittlung die öffentliche Sicherheit gefährden oder sonst dem Wohle des Bundes oder eines Landes Nachteile bereiten würde.

§ 31

Gerichtliche Überprüfung von Entscheidungen des Bundesbeauftragten auf Antrag von Behörden

(1) Lehnt der Bundesbeauftragte ein Ersuchen einer Behörde um Mitteilung, Einsichtnahme oder Herausgabe ab, entscheidet über die Rechtmäßigkeit dieser Ablehnung auf Antrag der betroffenen Behörde das Oberverwaltungsgericht nach mündlicher Verhandlung durch Beschluß. Der Beschluß ist unanfechtbar. Ein Vorverfahren findet nicht statt. Zuständig ist das Oberverwaltungsgericht, in dessen Bezirk der Bundesbeauftragte seinen Sitz hat.

(2) Der Vorsitzende kann aus besonderen Gründen die Einsicht in die Akten oder in Aktenteile sowie die Fertigung oder Erteilung von Auszügen und Abschriften versagen oder beschränken. Dieser Beschluß und der Beschluß des Oberverwaltungsgerichts über die Verpflichtung zur Vorlage von Urkunden nach § 99 Abs. 2 der Verwaltungsgerichtsordnung sind nicht anfechtbar. Im übrigen sind die Beteiligten zur Geheimhaltung von Tatsachen verpflichtet, die ihnen durch Akteneinsicht zur Kenntnis gelangt sind.

Dritter Unterabschnitt

Verwendung der Unterlagen des Staatssicherheitsdienstes für die politische und historische Aufarbeitung sowie durch Presse und Rundfunk

§ 32

Verwendung von Unterlagen für die Aufarbeitung der Tätigkeit des Staatssicherheitsdienstes

(1) Für die Forschung zum Zwecke der politischen und historischen Aufarbeitung der Tätigkeit des Staatssicherheitsdienstes sowie für Zwecke der politischen Bildung stellt der Bundesbeauftragte folgende Unterlagen zur Verfügung:

1. Unterlagen, die keine personenbezogenen Informationen enthalten,
2. Duplikate von Unterlagen, in denen die personenbezogenen Informationen anonymisiert worden sind,
3. Unterlagen mit personenbezogenen Informationen über
   – Personen der Zeitgeschichte, Inhaber politischer Funktionen oder Amtsträger in Ausübung ihres Amtes, soweit sie nicht Betroffene oder Dritte sind,
   – Mitarbeiter des Staatssicherheitsdienstes, soweit es sich nicht um Tätigkeiten für den Staatssicherheitsdienst vor Vollendung des 18. Lebensjahres gehandelt hat, oder
   – Begünstigte des Staatssicherheitsdienstes,
   soweit durch die Verwendung keine überwiegenden schutzwürdigen Interessen der genannten Personen beeinträchtigt werden,
4. Unterlagen mit anderen personenbezogenen Informationen, wenn die schriftlichen Einwilligungen der betreffenden Personen, in denen das Vorhaben und die durchführenden Personen bezeichnet sind, vorgelegt werden.

(2) Unterlagen, die sich nach § 37 Abs. 1 Nr. 3 Buchstabe b bis d in besonderer Verwahrung befinden, dürfen nur mit Einwilligung des Bundesministers des Innern verwendet werden.

(3) Personenbezogene Informationen dürfen nur veröffentlicht werden, wenn

1. die Personen, über die personenbezogene Informationen veröffentlicht werden sollen, eingewilligt haben, oder
2. es sich um Informationen über
   – Personen der Zeitgeschichte, Inhaber politischer Funktionen oder Amtsträger in Ausübung ihres Amtes, soweit sie nicht Betroffene oder Dritte sind,
   – Mitarbeiter des Staatssicherheitsdienstes, soweit es sich nicht um Tätigkeiten für den Staatssicherheitsdienst vor Vollendung des 18. Lebensjahres gehandelt hat, oder

– Begünstigte des Staatssicherheitsdienstes

handelt und durch die Veröffentlichung keine überwiegenden schutzwürdigen Interessen der genannten Personen beeinträchtigt werden.

§ 33

Verfahren

(1) Für Zwecke der Forschung und der politischen Bildung kann in der Zentralstelle oder in einer der Außenstellen des Bundesbeauftragten Einsicht in Unterlagen genommen werden.

(2) Die Einsichtnahme kann wegen der Bedeutung oder des Erhaltungszustandes der Unterlagen auf die Einsichtnahme in Duplikate beschränkt werden.

(3) Soweit die Einsichtnahme in Unterlagen gestattet ist, können auf Verlangen Duplikate der Unterlagen herausgegeben werden.

(4) Duplikate, die nach Absatz 3 herausgegeben worden sind, dürfen von dem Empfänger weder für andere Zwecke verwendet noch an andere Stellen weitergegeben werden.

(5) Die Einsichtnahme in noch nicht erschlossene Unterlagen ist nicht zulässig.

§ 34

Verwendung von Unterlagen durch Presse, Rundfunk und Film

(1) Für die Verwendung von Unterlagen durch Presse, Rundfunk, Film, deren Hilfsunternehmen und die für sie journalistisch-redaktionell tätigen Personen gelten die §§ 32 und 33 entsprechend.

(2) Führt die Veröffentlichung personenbezogener Informationen durch Rundfunkanstalten des Bundesrechts zu Gegendarstellungen von Personen, die in der Veröffentlichung genannt sind, so sind diese Gegendarstellungen den personenbezogenen Informationen beizufügen und mit ihnen aufzubewahren. Die Informationen dürfen nur zusammen mit den Gegendarstellungen erneut veröffentlicht werden.

Vierter Abschnitt

Bundesbeauftragter für die Unterlagen des Staatssicherheitsdienstes

§ 35

Bundesbeauftragter für die Unterlagen des Staatssicherheitsdienstes der ehemaligen Deutschen Demokratischen Republik

(1) Der Bundesbeauftragte für die Unterlagen des Staatssicherheitsdienstes der ehemaligen Deutschen Demokratischen Republik ist eine Bundesoberbehörde im Geschäftsbereich des Bundesministers des Innern. Er hat eine Zentralstelle in Berlin und Außenstellen in den Ländern Berlin, Brandenburg, Mecklenburg-Vorpommern, Sachsen, Sachsen-Anhalt und Thüringen.

(2) Der Leiter der Behörde wird auf Vorschlag der Bundesregierung vom Deutschen Bundestag mit mehr als der Hälfte der gesetzlichen Zahl seiner Mitglieder gewählt. Er muß bei seiner Wahl das 35. Lebensjahr vollendet haben. Der Gewählte führt als Amtsbezeichnung die Bezeichnung seiner Behörde. Er ist vom Bundespräsidenten zu ernennen.

(3) Der Bundesbeauftragte leistet vor dem Bundesminister des Innern folgenden Eid:

«Ich schwöre, daß ich meine Kraft dem Wohle des deutschen Volkes widmen, seinen Nutzen mehren, Schaden von ihm wenden, das Grundgesetz und die Gesetze des Bundes wahren und verteidigen, meine Pflichten gewissenhaft erfüllen und Gerechtigkeit gegen jedermann üben werde. So wahr mir Gott helfe.»

Der Eid kann auch ohne religiöse Beteuerung geleistet werden.

(4) Die Amtszeit des Bundesbeauftragten beträgt fünf Jahre. Einmalige Wiederwahl ist zulässig.

(5) Der Bundesbeauftragte steht nach Maßgabe dieses Gesetzes zum Bund in einem öffentlich-rechtlichen Amtsverhältnis. Er ist in Ausübung seines Amtes unabhängig und nur dem Gesetz unterworfen. Er untersteht der Rechtsaufsicht der Bundesregierung. Die Dienstaufsicht führt der Bundesminister des Innern.

§ 36

Rechtsstellung des Bundesbeauftragten

(1) Das Amtsverhältnis des Bundesbeauftragten beginnt mit der Aushändigung der Ernennungsurkunde. Es endet
1. mit Ablauf der Amtszeit,
2. mit der Entlassung.

Der Bundespräsident entläßt den Bundesbeauftragten, wenn dieser es verlangt oder auf Vorschlag der Bundesregierung, wenn Gründe vorliegen, die bei einem Richter auf Lebenszeit die Entlassung aus dem Dienst rechtfertigen. Im Falle der Beendigung des Amtsverhältnisses erhält der Bundesbeauftragte eine vom Bundespräsidenten vollzogene Urkunde. Eine Entlassung wird mit der Aushändigung der Urkunde wirksam. Auf Ersuchen des Bundesministers des Innern ist der Bundesbeauftragte verpflichtet, die Geschäfte bis zur Ernennung seines Nachfolgers weiterzuführen.

(2) Der Bundesbeauftragte darf neben seinem Amt kein anderes besoldetes Amt, kein Gewerbe und keinen Beruf ausüben und weder der Leitung oder dem Aufsichtsrat oder Verwaltungsrat eines auf Erwerb gerichteten Unternehmens noch einer Regierung oder einer gesetzgebenden Körperschaft des Bundes oder eines Landes angehören. Er darf nicht gegen Entgelt außergerichtliche Gutachten abgeben.

(3) Der Bundesbeauftragte hat dem Bundesminister des Innern Mitteilung über Geschenke zu machen, die er in bezug auf sein Amt erhält. Der Bundesminister des Innern entscheidet über die Verwendung der Geschenke.

(4) Der Bundesbeauftragte ist, auch nach Beendigung seines Amtsverhältnisses, verpflichtet, über die ihm amtlich bekanntgewordenen Angelegenheiten Verschwiegenheit zu bewahren. Dies gilt nicht für Mitteilungen im dienstlichen Verkehr oder über Tatsachen, die offenkundig sind oder ihrer Bedeutung nach keiner Geheimhaltung bedürfen. Der Bundesbeauftragte darf, auch wenn er nicht mehr im Amt ist, über solche Angelegenheiten ohne Genehmigung des Bundesministers des Innern weder vor Gericht noch außergerichtlich aussagen oder Erklärungen abgeben. Unberührt bleibt die gesetzlich begründete Pflicht, Straftaten anzuzeigen und bei Gefährdung der freiheitlichen demokratischen Grundordnung für deren Erhaltung einzutreten.

(5) Die Genehmigung, als Zeuge auszusagen, soll nur versagt werden, wenn die Aussage dem Wohle des Bundes oder eines deutschen Landes Nachteile bereiten oder die Erfüllung öffentlicher Aufgaben ernstlich gefährden oder erheblich erschweren würde. Die Genehmigung, ein Gutachten zu erstatten, kann versagt werden, wenn die Erstattung den dienstlichen Interessen Nachteile bereiten würde. § 28 des Gesetzes über das Bundesverfassungsgericht in der Fassung der Bekanntmachung vom 12. Dezember 1985 (BGBl. I S. 2229) bleibt unberührt.

(6) Der Bundesbeauftragte erhält vom Beginn des Kalendermonats an, in dem das Amtsverhältnis beginnt, bis zum Schluß des Kalendermonats, in dem das Amtsverhältnis endet, im Falle des Absatzes 1 Satz 6 bis zum Ende des Monats, in dem die Geschäftsführung endet, Amtsbezüge in Höhe der einem Bundesbeamten der Besoldungsgruppe B 9 zustehenden Besoldung. Das Bundesreisekostengesetz und das Bundesumzugskostengesetz sind entsprechend anzuwenden. Im übrigen sind die §§ 13 bis 20 des Bundesministergesetzes in der Fassung der Bekanntmachung vom 27. Juli 1971 (BGBl. I S. 1166), zuletzt geändert durch Artikel 4 des Gesetzes vom 18. Dezember 1989 (BGBl. I S. 2210), mit der Maßgabe anzuwenden, daß an die Stelle der zwei-

jährigen Amtszeit in § 15 Abs. 1 des Bundesministergesetzes eine Amtszeit von fünf Jahren tritt. Abweichend von Satz 3 in Verbindung mit den §§ 15 bis 17 des Bundesministergesetzes berechnet sich das Ruhegehalt des Bundesbeauftragten unter Hinzurechnung der Amtszeit als ruhegehaltfähige Dienstzeit in entsprechender Anwendung des Beamtenversorgungsgesetzes, wenn dies günstiger ist und der Bundesbeauftragte sich unmittelbar vor seiner Wahl zum Bundesbeauftragten als Beamter oder Richter mindestens in dem letzten gewöhnlich vor Erreichen der Besoldungsgruppe B 9 zu durchlaufenden Amt befunden hat.

§ 37
Aufgaben und Befugnisse des Bundesbeauftragten

(1) Der Bundesbeauftragte hat nach Maßgabe dieses Gesetzes folgende Aufgaben und Befugnisse:
1. Erfassung der Unterlagen des Staatssicherheitsdienstes,
2. nach archivischen Grundsätzen Bewertung, Ordnung, Erschließung, Verwahrung und Verwaltung der Unterlagen,
3. Verwaltung der Unterlagen im zentralen Archiv der Zentralstelle und in den regionalen Archiven der Außenstellen; gesondert zu verwahren sind
   a) die dem Staatssicherheitsdienst überlassenen Akten von Gerichten und Staatsanwaltschaften,
   b) Duplikate nach § 11 Abs. 2 Satz 2,
   c) Unterlagen über Mitarbeiter von Nachrichtendiensten des Bundes, der Länder und der Verbündeten,
   d) Unterlagen
      – über Mitarbeiter anderer Nachrichtendienste,
      – mit technischen oder sonstigen fachlichen Anweisungen oder Beschreibungen über Einsatzmöglichkeiten von Mitteln und Methoden auf den Gebieten der Spionage, Spionageabwehr oder des Terrorismus,
   wenn der Bundesminister des Innern im Einzelfall erklärt, daß das Bekanntwerden der Unterlagen die öffentliche Sicherheit gefährden oder sonst dem Wohl des Bundes oder eines Landes Nachteile bereiten würde;
   für die gesonderte Verwahrung nach Buchstabe b bis d gelten die Vorschriften über den Umgang mit Verschlußsachen der Geheimhaltungsgrade VS-Vertraulich und höher,
4. Erteilung von Auskünften, Mitteilungen aus Unterlagen, Gewährung von Einsicht in Unterlagen, Herausgabe von Unterlagen,
5. Aufarbeitung der Tätigkeit des Staatssicherheitsdienstes durch Unterrichtung der Öffentlichkeit über Struktur, Methoden und Wirkungsweise des Staatssicherheitsdienstes; für die Veröffentlichung personenbezogener Informationen gilt § 32 Abs. 3,

145

6. Unterstützung der Forschung und der politischen Bildung bei der historischen und politischen Aufarbeitung der Tätigkeit des Staatssicherheitsdienstes durch Gewährung von Einsicht in Unterlagen und Herausgabe von Duplikaten von Unterlagen,

7. Information und Beratung von natürlichen Personen, anderen nicht-öffentlichen Stellen und öffentlichen Stellen; die Information und Beratung kann auch in den Außenstellen erfolgen,

8. Einrichtung und Unterhaltung von Dokumentations- und Ausstellungszentren.

(2) Der Bundesbeauftragte gewährleistet die Einhaltung einheitlicher Grundsätze bei der Erfüllung seiner Aufgaben.

(3) Der Bundesbeauftragte erstattet dem Deutschen Bundestag auf dessen Ersuchen, im übrigen mindestens alle zwei Jahre, erstmals zum 1. Juli 1993, einen Tätigkeitsbericht. Ab seinem zweiten regelmäßigen Tätigkeitsbericht hat er mitzuteilen, in welchem Umfang und in welchem Zeitraum Unterlagen für die Erfüllung seiner Aufgaben voraussichtlich nicht mehr benötigt werden. Auf Anforderung des Deutschen Bundestages oder der Bundesregierung hat der Bundesbeauftragte Gutachten zu erstellen und Berichte zu erstatten. Der Bundesbeauftragte kann sich jederzeit an den Deutschen Bundestag wenden. In Angelegenheiten einer gesetzgebenden Körperschaft berichtet er dieser Körperschaft unmittelbar.

§ 38
Landesbeauftragte, Verhältnis zum Bundesbeauftragten

(1) Zur Unterstützung der Arbeit des Bundesbeauftragten bei der Wahrnehmung seiner Aufgaben nach § 37 kann in den Ländern Berlin, Brandenburg, Mecklenburg-Vorpommern, Sachsen, Sachsen-Anhalt und Thüringen eine Stelle als Landesbeauftragter für die Unterlagen des Staatssicherheitsdienstes der ehemaligen Deutschen Demokratischen Republik bestimmt werden. Die näheren Einzelheiten richten sich nach Landesrecht.

(2) Der Bundesbeauftragte gibt den Landesbeauftragten Gelegenheit, zu landesspezifischen Besonderheiten bei der Verwendung der Unterlagen nach dem Dritten Abschnitt dieses Gesetzes Stellung zu nehmen.

(3) Landesrecht kann bestimmen, daß die Landesbeauftragten die Beteiligten bei der Wahrnehmung ihrer Rechte nach den §§ 13 bis 17 beraten. Diese Tätigkeit kann sich auch auf die psycho-soziale Beratung nach Abschluß der Verfahren nach § 12 erstrecken.

§ 39
Beirat

(1) Beim Bundesbeauftragten wird ein Beirat gebildet. Der Beirat besteht aus

1. neun Mitgliedern, die von den Ländern Berlin, Brandenburg, Mecklenburg-Vorpommern, Sachsen, Sachsen-Anhalt und Thüringen benannt werden, und

2. sieben Mitgliedern, die vom Deutschen Bundestag gewählt werden.

Die Mitglieder des Beirats werden durch den Bundesminister des Innern für die Dauer von fünf Jahren bestellt.

(2) Der Bundesbeauftragte unterrichtet den Beirat über grundsätzliche oder andere wichtige Angelegenheiten und erörtert sie mit ihm. Der Beirat berät den Bundesbeauftragten insbesondere in folgenden Angelegenheiten:

1. vollständige Erfassung der Unterlagen des Staatssicherheitsdienstes und Auswertung der Unterlagen nach § 10,

2. Festlegung der archivischen Grundsätze bei der Bewertung, Ordnung, Erschließung, Verwahrung und Verwaltung der Unterlagen,

3. Festlegung einheitlicher Grundsätze für die Einsichtgewährung und Herausgabe,

4. Festlegung von Bewertungskriterien in den Fällen des § 20 Abs. 1 Nr. 6 und 7 und des § 21 Abs. 1 Nr. 6 und 7,

5. Festlegung von Prioritäten bei Anträgen von einzelnen und Ersuchen von öffentlichen und nicht-öffentlichen Stellen,

6. Festlegung der Aufgaben der Außenstellen bei ihrer Beratungstätigkeit,

7. Arbeitsprogramme für die Aufarbeitung der Tätigkeit des Staatssicherheitsdienstes und die Unterrichtung der Öffentlichkeit und

8. Unterstützung der Forschung und der politischen Bildung.

Ferner berät der Beirat die Tätigkeitsberichte nach § 37 Abs. 3 Satz 1 vor.

(3) Der Bundesbeauftragte leitet die Sitzungen des Beirates.

(4) Der Beirat gibt sich eine Geschäftsordnung, die der Zustimmung der Bundesregierung bedarf.

(5) Mitglieder des Beirates sind bei ihrer Bestellung zur Verschwiegenheit über die ihnen bei ihrer Tätigkeit bekanntgewordenen Tatsachen, soweit sie nicht offenkundig sind, zu verpflichten. Die Verschwiegenheitspflicht besteht auch nach Beendigung ihrer Mitgliedschaft im Beirat fort.

§ 40

Maßnahmen zur Sicherung der Unterlagen

(1) Der Bundesbeauftragte trifft für seine Behörde die organisatorischen und technischen Maßnahmen, die erforderlich sind, um die Unterlagen gegen unbefugten Zugriff zu sichern.

(2) Es ist insbesondere sicherzustellen, daß

1. die Mitarbeiter des Bundesbeauftragten auf Unterlagen und Datenverarbeitungssysteme ausschließlich im Rahmen ihrer Aufgabenzuweisung zugreifen können und jeder Zugriff auf Unterlagen unter Angabe des Anlasses protokolliert wird,
2. die unbefugte Erstellung von archivischen Findmitteln und die unbefugte Eingabe von Informationen sowie die unbefugte Kenntnisnahme, Veränderung oder Löschung gespeicherter Informationen verhindert wird,
3. dokumentiert wird, welche Unterlagen oder Informationen aus Unterlagen zu welcher Zeit an wen herausgegeben oder übermittelt worden sind,
4. nachträglich feststell- und überprüfbar ist, welche Informationen zu welcher Zeit in Datenverarbeitungssysteme eingegeben worden sind,
5. Gebäude, in denen die Unterlagen des Staatssicherheitsdienstes untergebracht sind, gegen unbefugtes Eindringen geschützt sind.
6. Unbefugte keinen Zugang zu den Archiven und zu Datenverarbeitungssystemen, mit denen Informationen aus den Unterlagen verarbeitet werden, erhalten,
7. Unterlagen nicht unbefugt gelesen, kopiert, verändert, vernichtet oder entfernt werden können,
8. Unterlagen und Datenträger beim Transport nicht unbefugt gelesen, kopiert, verändert, gelöscht oder vernichtet werden können,
9. die innerbehördliche Organisation insgesamt so gestaltet ist, daß sie den besonderen Anforderungen des Datenschutzes gerecht wird.

§ 41

Automatisierte Verfahren, Informationsverarbeitung im Auftrag

(1) Personenbezogene Informationen aus Unterlagen des Staatssicherheitsdienstes darf der Bundesbeauftragte in automatisierten Dateien nur als Hilfsmittel zur Erfüllung seiner Aufgaben speichern, verändern und nutzen. Die Dateien enthalten nur die Informationen, die zum Auffinden von Unterlagen und der dazu notwendigen Identifizierung von Personen erforderlich sind. Auf diese Dateien ist § 20 des Bundesdatenschutzgesetzes anzuwenden.

(2) Die Einrichtung automatisierter Abrufverfahren zum Zwecke der Übermittlung ist unzulässig.

(3) Die Verarbeitung von Informationen aus den Unterlagen im Auftrag ist

nur durch öffentliche Stellen und nur dann zulässig, wenn die Verarbeitung beim Bundesbeauftragten mit eigenen Mitteln nicht oder nur mit unverhältnismäßigem Aufwand möglich ist und der Auftragnehmer unter besonderer Berücksichtigung der Eignung gerade für den Umgang mit diesen Informationen ausgewählt worden ist. Der Auftragnehmer darf die Informationen ausschließlich entsprechend den Weisungen des Bundesbeauftragten verarbeiten.

Fünfter Abschnitt
Schlußvorschriften

§ 42
Kosten

(1) Für Amtshandlungen nach den §§ 13 bis 17 sowie gegenüber nicht-öffentlichen Stellen nach den §§ 20 und 21 sind Kosten (Gebühren und Auslagen) zu erheben. Für Auskünfte an Betroffene und Dritte sowie für die ihnen gewährte Einsicht in die Unterlagen werden Kosten nicht erhoben.

(2) Der Bundesminister des Innern wird ermächtigt, durch Rechtsverordnung die gebührenpflichtigen Tatbestände und die Gebührensätze zu bestimmen.

§ 43
Vorrang dieses Gesetzes

Die Regelungen dieses Gesetzes gehen Vorschriften über die Zulässigkeit der Übermittlung personenbezogener Informationen in anderen Gesetzen vor. Das Bundesdatenschutzgesetz findet mit Ausnahme der Vorschriften über die Datenschutzkontrolle keine Anwendung, soweit nicht in § 6 Abs. 9 und § 41 Abs. 1 Satz 3 dieses Gesetzes etwas anderes bestimmt ist.

§ 44
Strafvorschriften

Wer von diesem Gesetz geschützte Originalunterlagen oder Duplikate von Originalunterlagen mit personenbezogenen Informationen über Betroffene oder Dritte ganz oder in wesentlichen Teilen im Wortlaut öffentlich mitteilt, wird mit Freiheitsstrafe bis zu drei Jahren oder mit Geldstrafe bestraft. Dies gilt nicht, wenn der Betroffene oder Dritte eingewilligt hat.

§ 45

Bußgeldvorschriften

(1) Ordnungswidrig handelt, wer vorsätzlich oder fahrlässig

1. entgegen § 7 Abs. 3 eine Anzeige nicht oder nicht rechtzeitig erstattet,
2. entgegen § 9 Abs. 1 Satz 1 Unterlagen nicht oder nicht rechtzeitig auf Verlangen des Bundesbeauftragten herausgibt oder
3. entgegen § 9 Abs. 3 Unterlagen dem Bundesbeauftragten nicht überläßt.

(2) Die Ordnungswidrigkeit kann mit einer Geldbuße bis zu fünfhunderttausend Deutsche Mark geahndet werden.

§ 46

Straffreiheit

Wer Unterlagen des Staatssicherheitsdienstes durch strafbare Vergehen erlangt hat, wird nicht bestraft, wenn er der Anzeigepflicht nach § 7 Abs. 3 innerhalb einer Frist von drei Monaten nach Inkrafttreten dieses Gesetzes nachkommt.

§ 47

Aufhebung von Vorschriften, Überleitung des Amtsinhabers

(1) Die Regelungen in Anlage I Kapitel II Sachgebiet B Abschnitt II Nr. 2 Buchstabe b des Einigungsvertrages vom 31. August 1990 (BGBl. II S. 885, 912) werden aufgehoben.

(2) Das Rechtsverhältnis des aufgrund der in Absatz 1 genannten Regelungen berufenen und bei Inkrafttreten dieses Gesetzes vorhandenen Amtsinhabers richtet sich nach diesem Gesetz. Die aufgrund des Einigungsvertrages ergangenen besoldungs- und versorgungsrechtlichen Übergangsvorschriften gelten sinngemäß.

§ 48

Inkrafttreten

(1) Dieses Gesetz tritt am Tage nach der Verkündung in Kraft.

(2) § 35 Abs. 2 Satz 1 ist erstmalig bei der Neuberufung des Leiters der Bundesoberbehörde nach Ablauf der Amtszeit des jetzigen Amtsinhabers anzuwenden.

Das vorstehende Gesetz wird hiermit ausgefertigt und
wird im Bundesgesetzblatt verkündet.

DER BUNDESPRÄSIDENT
WEIZSÄCKER

DER BUNDESKANZLER
DR. HELMUT KOHL

DER BUNDESMINISTER DES INNERN
SEITERS

DER BUNDESMINISTER DER JUSTIZ
KINKEL

DER BUNDESMINISTER DER FINANZEN
THEO WAIGEL

Literaturhinweis

Weitere zum Thema erschienene Bücher:

Arbeitsberichte über die Auflösung der Rostocker Bezirksverwaltung des Ministeriums für Staatssicherheit, hg. vom Unabhängigen Untersuchungsausschuß Rostock, Rostock 1990.

Fricke, Karl Wilhelm: Die DDR-Staatssicherheit. Entwicklung, Strukturen, Arbeitsfelder, Köln 1989.

«Genossen! Glaubt's mir doch! Ich liebe Euch alle». Dokumentation des Archivs Staatssicherheit und der zeitweiligen Kommission «Amtsmißbrauch und Korruption» des Bezirkstages Suhl, Suhl 1990.

Kukutz, Irena, und Katja Havemann: Geschützte Quelle. Gespräche mit Monika H. alias Karin Lenz, Berlin 1990.

Kunze, Reiner (Hg.): Deckname «Lyrik», Frankfurt/Main 1990.

Loest, Erich: Der Zorn des Schafes, Leipzig/Künzelsau 1990.

Loest, Erich: Die Stasi war mein Eckermann oder: mein Leben mit der Wanze, Göttingen 1991.

Meinel, Reinhard, und Thomas Wernicke (Hg.): «Mit tschekistischem Gruß». Berichte der Bezirksverwaltung Potsdam 1989, Potsdam 1990.

Mitter, Armin, und Stefan Wolle (Hg.): «Ich liebe euch doch alle!» Befehle und Lageberichte des MfS, Januar-November 1989, Berlin 1990.

Riecker, Ariane, u. a.: Stasi intim. Gespräche mit ehemaligen MfS-Angehörigen, Leipzig 1990.

Saß, Ulrich, und Harriet von Suchodeletz (Hg.): «feindlich-negativ». Zur politisch-operativen Arbeit einer StasiZentrale. Aus einem Bericht der Arbeitsgruppe zur Untersuchung der nach innen gerichteten Tätigkeit des MfS in den achtziger Jahren im Bezirk Neubrandenburg. Berlin 1990.

Stasi intern. Macht und Banalität. hg. vom Leipziger Bürgerkomitee zur Auflösung des MfS/AfNS. Leipzig 1991.

Werdin. Justus (Hg.): Unter uns: Die Stasi. Berichte der Bürgerkomitees zur Auflösung der Staatssicherheit im Bezirk Frankfurt (Oder). Berlin 1990.

Wilkening. Christina: Staat im Staate. Auskünfte ehemaliger Stasi-Mitarbeiter, Berlin und Weimar 1990.

Tatort DDR

«Es ist eine Illusion zu glauben, das Problem der Stasi-Akten ließe sich dadurch erledigen, daß man einen riesigen Betondeckel über sie legt, so daß niemand mehr herankommt.»
Joachim Gauck

Joachim Gauck
Die Stasi-Akten *Das unheimliche Erbe der DDR*
(13016)

Robert Havemann
Die Stimme des Gewissens
Herausgegeben von
Rüdiger Rosenthal
Texte eines deutschen Antistalinisten
(aktuell essay 12813)

Rudolf Herrnstadt
Das Herrnstadt–Dokument *Das Politbüro der SED und die Geschichte des 17. Juni 1953*
Herausgegeben von
Nadja Stulz-Herrnstadt
(aktuell 12837)
Das Herrnstadt–Dokument enthüllt, wie tiefgehend die Krise der DDR–Führungsspitze vor, während und nach dem Aufstand vom 17. Juni 1953 war.

Walter Janka
Schwierigkeiten mit der Wahrheit
(aktuell essay 12731)

Helga Königsdorf
Adieu DDR *Protokolle eines Abschieds*
(aktuell 12991)
In den letzten Wochen der real existierenden DDR hat die Autorin Menschen über ihr vergangenes Leben, ihre gegenwärtigen Gefühle und ihre Erwartungen an die Zukunft befragt.

J. Maron / R. Schedlinski
Innenansichten DDR *Letzte Bilder. Großformat*
(sachbuch 8553)

Günter Schabowsi
Das Politbüro *Ende eines Mythos. Eine Befragung*
Herausgegeben von Frank Sieren und Ludwig Koehne
(aktuell 12888)
«Am meisten bedrückt mich, daß ich ein verantwortlicher Vertreter eines Systems war, unter dem Menschen gelitten haben.»
Günter Schabowski

Joachim Walther / Wolf Biermann / Günter de Bruyn u.a. (Hg.)
Protokoll eines Tribunals *Die Ausschlüsse aus dem DDR–Schriftstellerverband 1979*
(aktuell 12992)

Horst Wiener
Anklage: Werwolf *Die Gewalt der frühen Jahre oder Wie ich Stalins Lager überlebte*
(aktuell 12928)

rororo aktuell

Peter–Jürgen Boock
**Schwarzes Loch im Hochsicher-
heitstrakt**
(aktuell 12505)
«Mein Bericht über die Hoch-
sicherheitshaft ist parteiisch
und soll es auch sein. Hoch-
sicherheitshaft zerstört Menschen, ihre Psyche wie ihre
Physis, dazu kann es keine
"neutrale" Position geben.
Jürgen–Peter Boock

István Eörsi
**Erinnerung an die schönen alten
Zeiten**
(aktuell 12990)
1956, nach dem ungarischen
Volksaufstand, wurde István
Eörsi, Anhänger von Imre
Nagy und Schüler des später
verfolgten Georg Lukács, ver-
haftet. Dreißig Jahre danach
erinnert er sich ...

Alain Finkielkraut
Die Niederlage des Denkens
(aktuell 12413)

Václav Havel
Briefe an Olga *Betrachtungen
aus dem Gefängnis*
(aktuell 12732)
Versuch, in der Wahrheit zu leben
(aktuell12622)
Am Anfang war das Wort
(aktuell 12838)
Die Angst vor der Freiheit *Reden
des Staatspräsidenten*
(aktuell 13018)
«Ist nicht das Gefühl der Le-
bensleere und des Verlustes
des Lebenssinns nur der Auf-
ruf, nach einem neuen Inhalt
und Sinn der eigenen Existenz
zu suchen? Sind es nicht gerade die Augenblicke der tief-
sten Zweifel, in denen neue
Gewißheiten geboren wer-
den?»
Václav Havel

Václav Havel

Essay

**Angst vor
der Freiheit**

Reden des Staatspräsidenten

rororo

Robert Havemann
Die Stimme des Gewissens *Texte
eines deutschen Antistalinisten*
(aktuell 12813)
Vom Volksgerichtshof unter
Freisler zum Tode verurteilt,
als Leiter des Kaiser-Wilhelm-
Instituts in Berlin-Dahlem
fristlos entlassen, in der DDR
seiner Ämter enthoben und
aus der Partei ausgeschlossen
- Robert Havemann war ein
unbequemer Zeitgenosse für
das SED-Regime.

Gunter Hofmann
Willy Brandt – *Porträt eines
Aufklärers aus Deutschland*
(aktuell 12503)
«Willy Brandt war kein Held.
Und er ließ das erkennen. Er
war sich seiner selbst nicht
ganz sicher. Politiker mit
Schwächen kannte man, aber
wenige, die sie zeigten. Er habe gelernt, "an die Vielfalt
und an den Zweifel zu
glauben", gestand er, als ihm
der Friedensnobelpreis verliehen wurde.»

«Die Antifeministen sind gern bereit, in der Frau schwärmerisch das "andere" zu preisen, um auf diese Weise ihr Anderssein als absolut und unverrückbar hinzustellen und ihr den Zugang zum menschlichen Mitsein zu verwehren.»
Simone de Beauvoir

Doris Lucke / Sabine Berghahn (Hg.)
Rechtsratgeber Frauen
(rororo frauen aktuell 12553)
«Frauen haben Rechte, aber sie müssen sie auch wahrnehmen. Frauen haben Rechte, aber diese Rechte sind oft nur eine schwache Waffe gegen die Macht, die sie begrenzen sollen. Und schließlich: Frauen haben Rechte, aber es könnten mehr und es könnten bessere sein!»
Die Herausgeberinnen

Frank Matakas
Sprünge in der Seele *Psychische Erkrankungen und was man dagegen tun kann Ein Handbuch*
(rororo aktuell 12516)

Christine Swientek
«Ich habe mein Kind fortgegeben»
Die dunkle Seite der Adoption
(rororo frauen aktuell 5119)
Wenn Frauen nicht mehr leben wollen
(rororo frauen aktuell 12785)

Familienalltag *Ein Report des Deutschen Jugendinstituts Frauensichten - Männersichten*
(rororo aktuell 12517)
In einer Repräsentativbefragung haben Sozialwissenschaftler/innen des Deutschen Jugendinstituts den Familienalltag erkundet und unter-

sucht, welches Lebensgefühl, welche Erwartungen und Enttäuschungen Frauen, Männer und Jugendliche mit ihrem Familienleben verbinden.

H. Rosenberg / M. Steiner
Paragraphenkinder *Erfahrungen mit Pflege- und Adoptivkindern*
(rororo aktuell 12989)
Was passiert mit Kindern, die aus den verschiedensten Gründen zu Sozialwaisen geworden sind? Welche Lebenschancen und Perspektiven haben diese Kinder, wenn sie der Obhut öffentlicher Einrichtungen überantwortet werden? Auf der Grundlage eigener Erfahrungen sowie anhand zahlreicher Fallbeispiele untersuchen die Autoren die Entstehungsbedingungen und das Ausmaß sozialer Verwaisung.

«Gorbatschow wird in die Geschichte eingehen als ein Mann, der die Welt verändert hat. Doch nachdem nicht nur die Völker Osteuropas, sonderen auch die der Sowjetunion ihr Selbstbestimmungsrecht wahrzunehmen versuchen, erweist er sich als Machtpolitiker, dem es in erster Linie um die Aufrechterhaltung des Imperiums geht. Auch bei ihm wird aber der Gedanke reifen müssen,. daß es für die Sowjetunion allemal günstiger ist, unabhängige, aber verläßliche Partner zu haben als abhängige, feindlich gesinnte Vasallen.»
Andrejs Urdze

Andrejs Urdze (Hg.)
Das Ende des Sowjetkolonialismus
Der baltische Weg
(rororo aktuell 12897)
In diesem Buch berichten Autoren aus den baltischen Staaten über die traumatischen Erfahrungen der Okkupation und die Folgen der Einverleibung in die Sowjetunion.

G. Koenen / K. Hielscher
Die schwarze Front *Der neue Antisemitismus in der Sowjetunion*
(rororo aktuell 12927)
Die Autoren erklären den wachsenden Antisemitismus seit der Perestroijka-Zeit und benennen die ihn tragenden gesellschaftlichen Gruppen und ihre Motive.

Steffi Engert / Uwe Gartenschläger
Der Aufbruch: Alternative Bewegungen in der Sowjetunion
Perestroika von unten
(rororo aktuell 12623)

In differenzierten Einzel- und Gruppenporträts beschreiben die Autoren was es heißt, in der heutigen Sowjetunion auszusteigen und ein selbstbestimmtes, anderes Leben zu führen.

Michail Gorbatschow
Die Rede «*Wir brauchen die Demokratie wie die Luft zum Atmen*» *Referat vor dem ZK der KPdSU*
(rororo aktuell 12168)
Eine Aufforderung, die UdSSR zu verändern, vorgetragen am 27. Januar 1987

Richard Wagner / Helmuth Frauendorfer (Hg.)
Der Sturz des Tyrannen
Rumänien und das Ende einer Diktatur
(rororo aktuell 12839)

Josip Furkes / Karl-Heinz Schlarp (Hg.)
Jugoslawien: Ein Staat zerfällt
Der Balkan - Europas Pulverfaß
(rororo aktuell 13074)

«Nur wenige unserer Zeremonien können verpflanzt werden. Nur wenige unserer Zeremonien können wir für euch öffnen. Versucht nicht, uns nachzuahmen. Versucht nicht, euch fremde Haut überzustülpen. Es kommt nicht darauf an, ob man Deutscher, Chinese oder Indianer ist, es kommt darauf an, ob man den menschlichen Weg geht und alles nichtmenschliche Leben achtet. Dabei können wir uns gegenseitig helfen.»
Phillip Deere,
Medizinmann der Muskogee

Indianische Welten
Der Erde eine Stimme geben
Texte von Indianern aus
Nordamerika
Lesebuch
Herausgegeben von
Claus Biegert
(rororo aktuell 5219)
Der Autor hat in diesem Lesebuch Texte nordamerikanischer Indianer zusammengestellt. Sie zeigen die eigene Welt und die besondere Weltsicht der Ureinwohner Nordamerikas. Der Band enthält auch Texte indianischer Autoren, Stücke aus Erzählungen und Romanen dieser eigenen, bei uns noch kaum bekannten amerikanischen Literatur.

Julian Burger
Die Wächter der Erde *Vom Leben sterbender Völker Gaia Atlas / Großformat*
(rororo aktuell 12988)
Ein mit vielen Fotos ausgestatteter Atlas über die bedrohten Völker der Welt. von den Aborigines Australiens bis zu den Massai-Stämmen Afrikas.

Petra K. Kelly / Gert Bastian (Herausgeber)
Tibet - ein vergewaltigtes Land
Berichte vom Dach der Welt
(rororo aktuell 12474)
Die Herausgeber sind seit Jahren aktiv in der Menschenrechtsarbeit für Tibet. Sie haben Berichte, Reportagen und Dokumente zusammengestellt, die ein authentisches und aktuelles Bild von Tibet zeichnen und auch die traditionsreiche Geschichte und Kultur des tibetischen Volkes lebendig werden lassen.

Bahman Nirumand (Hg.)
Die kurdische Tragödie *Die Kurden - verfolgt im eigenen Land*
(rororo aktuell 13075)
Dieser Band analysiert die aktuelle Lage, beleuchtet die politischen Rivalitäten der verschiedenen Kurden-Parteien und vermittelt das nötige Hintergrundwissen zum Verständnis der «Kurdenfrage».

DATE DUE
